PERMITA-ME APRESENTAR

UM GUIA INTERNO PARA O OCULTISMO

LON MILO DUQUETTE

PREFÁCIO DE BRANDY WILLIAMS

PERMITA-ME APRESENTAR

UM GUIA INTERNO PARA O OCULTISMO

TRADUÇÃO:
SORAYA BORGES DE FREITAS

MADRAS®

Publicado originalmente em inglês sob o título *Let Me Introduce – An Insider's Guide to The Occult,* por Red Wheel/Weiser Books.

Esta edição é publicada mediante acordo com a Red Wheel/Weiser, por intermédio da International Editors & Yáñez Co'S.L.

Editor:
Wagner Veneziani Costa (*in memoriam*)

Produção e Capa:
Equipe Técnica Madras

Imagem da capa:
Shutterstock

Tradução:
Soraya Borges de Freitas

Revisão da Tradução:
Jefferson Rosado

Revisão:
Jerônimo Feitosa

Dados Internacionais de Catalogação na Publicação (CIP)
(Câmara Brasileira do Livro, SP, Brasil)

DuQuette, Lon Milo

Permita-me apresentar : um guia interno para o ocultismo / Lon Milo DuQuette ; tradução Soraya Borges de Freitas. -- São Paulo : Madras Editora, 2025.

Título original: Allow me to introduce
ISBN 978-65-5620-104-7

1. Esoterismo 2. Ocultismo I. Título.

25-270396 CDD-133

Índices para catálogo sistemático:

1. Ocultismo 133
Eliane de Freitas Leite - Bibliotecária - CRB 8/8415

MADRAS EDITORA LTDA.
Rua Paulo Gonçalves, 88 — Santana
CEP: 02403-020 — São Paulo/SP
Tel.: (11) 2281-5555 – (11) 98128-7754
www.madras.com.br

Este livro é dedicado ao meu querido amigo e companheiro trovador, ocultista, autor, palestrante, músico e mago da geração baby-boomer, *Donald Michael Kraig.*

(28 de março de 1951-17 de março de 2014)

O autor deseja agradecer humildemente aos seus “astros da sorte” – os luminares imortais do firmamento da literatura mágica que ele teve a honra e o privilégio de *apresentar.*

ÍNDICE

PREFÁCIO

Sou mulher, sacerdotisa e maga. Ser uma sacerdotisa claramente significa que sou uma sacerdotisa mulher. Trabalhar com magia e ser uma mulher não é tão óbvio. É difícil encontrar um professor que consiga conversar com uma maga. Eu costumo me sentir tratada como a "outra", uma "forasteira", lutando para me encaixar no papel.

Com Lon Milo DuQuette, nunca me sinto assim. Sempre tive a sensação de que ele fala diretamente comigo, convidando-me para o mundo fascinante da magia. Seu propósito principal, como professor e escritor, não é ostentar seu conhecimento (que é amplo e profundo) ou suas conquistas mágicas (que são magníficas), mas abrir a porta para podermos compartilhar esse conhecimento e ter essas experiências. Ele não foca em suas próprias necessidades como professor, mas sim nas necessidades do aluno. Partilha seu conhecimento sem alarde, traçando planos de estudo que não pulam passos nem escondem segredos, mas tornam a prática possível. Sua magia não é apenas para si mesmo; ele pratica para compartilhar. Como escritor, professor e mago, ele é generoso.

Seu grande talento é tornar a magia acessível. As artes esotéricas se acumularam ao longo dos séculos em camadas confusas de ideias e sistemas. Os textos, quando estão escritos em inglês, costumam apresentar uma linguagem mais arcaica. Apenas traduzir ideias antigas em uma linguagem contemporânea já é uma vantagem. A prosa de Aleister Crowley, por exemplo, com todo o respeito ao profeta, é tão densa quanto Shakespeare.

Precisa de uma introdução, uma explicação sobre as frases obscuras, um tradutor. Lon Milo DuQuette fornece essa tradução.

Esta obra é uma coletânea de introduções e prefácios de livros. Nestas páginas, a Linguagem Enochiana, o Tarô, a Cabala, a Geomancia, tudo isso parece ser uma chave para compreender o universo e nós mesmos. É claro que esses estudos e práticas mudaram a vida de Lon, e seu deleite resplandece em cada página. Ler os livros nesta lista constituiria uma educação mágica poderosa.

Lon se destaca ao apresentar outros magos. Ele se sente em casa tanto com os mestres da Antiguidade, falecidos há muito tempo, quanto com a mais nova geração de inovadores. Ele conheceu os magos mais influentes de sua época e nos diz que é profundamente grato às pessoas que o ensinaram. Seus mentores, Grady McMurtry, Phyllis Seckler e Israel Regardie, estão entre as pessoas que treinaram diretamente com Aleister Crowley. Eles faleceram em sua época; Lon é nossa ponte para essa geração de thelemitas.

Nestas páginas ele conta a história de sua iniciação na Ordo Templi Orientis. Após conhecer Lon diretamente, por meio da minha própria entrada na Ordem, passei a apreciar profundamente sua vida de serviço. Seu trabalho incansável ajudou a construir e moldar a O.T.O. na Ordem mágica mundial que é hoje. Quando Grady e Phyllis o escolheram como seu iniciado, escolheram bem, e nós nos beneficiamos com isso.

Se você tiver a oportunidade de frequentar uma de suas palestras ou aulas, aproveite! Se descobrir que está inscrito para uma de suas apresentações, pode achar seu público escasso. Ele é uma atração difícil de acompanhar, também. Uma vez, tive a oportunidade de fazer uma apresentação em uma conferência no lugar dele, quando ele teve de cancelar por causa de um conflito. Respondi: "É uma honra você ter pensado em mim e eu adoraria fazer isso. Mas... você sabe que não sou engraçada, certo?" Lon é uma daquelas pessoas verdadeiramente sábias que também têm o dom do humor. Ser capaz de rir é uma das chaves para o sucesso, segundo ele, especialmente se conseguir rir de si mesmo.

Hoje em dia é mais provável que Lon faça uma palestra no formato de um *show*. Do contagiante hino "Class Warfare" à intensa denúncia em "If We Believed" passando pela sussurrante canção de ninar "Sweet

Babalon", o público canta junto. Ele dá voz às dores, aos medos e às alegrias de uma vida mágica. A música permeia este livro, no texto de um encarte para uma apresentação musical do Tarô, em um discurso para uma plateia sobre como ouvir *A Flauta Mágica,* de Mozart, na musicalidade da prosa.

Nessas introduções aos trabalhos de outras pessoas, passamos a conhecer Lon por meio dos livros e das pessoas que ele admira. Ele é exatamente o tipo certo de guru – divertido, gentil, acessível, firme, quando o rigor é necessário, e exige que os alunos assumam a responsabilidade pelo aprendizado. Percepções emocionantes são obtidas a partir de relatos hilários. Ele fala de uma revelação de vida, cantando a verdade da alma: a terra é a luz solar encarnada, somos os filhos da terra, nossa encarnação é o chamado à consciência espiritual de que somos todos eternos.

A melhor descrição de Lon Milo DuQuette é sua própria descrição de Donald Michael Kraig.

> "Em uma análise final, a única credencial significativa que um mago pode apresentar ao mundo é o *mago.* Ele ou ela evoluiu com a atividade da magia? Tornou-se um indivíduo mais sábio, equilibrado, disciplinado, esclarecido, engajado e mais autoconsciente? Esse indivíduo é um amigo, um professor, um cidadão ou um ser humano melhor em razão de seu envolvimento nesta mais pessoal das formas de arte espiritual? E, o mais importante, o mago consegue rir do *mago?"*

Lon Milo DuQuette é um dos maiores professores da nossa época. Nessas introduções, ele nos mostra o mago que é, demonstrando como personificar uma vida mágica. Ele nos conta que escreve os livros que gostaria de ler. Como maga, também estou escrevendo os livros de que precisava quando comecei. Vejo Lon como um exemplo do escritor como professor; eu não poderia ter um melhor.

Brandy Williams
Autora de *Practical Magic*

PREFÁCIO DO AUTOR

Sou um homem de muita sorte. Vivi por 72 anos em relativa boa saúde. Sempre consegui morar com minha família em uma parte do universo que é quente, ensolarada e relativamente segura. Tenho a bênção de ser casado com uma santa esposa linda e sou pai de um brilhante doutor. Todos os meses e por todos os anos, de alguma forma, juntei o dinheiro do aluguel e pus comida na mesa. Os DuQuette levam uma vida frugal. Nunca tivemos uma casa própria, um carro novo ou um cartão de crédito. Considerando o fato de que sou meio vagabundo, tenho pouca ambição, nunca fiz nenhum plano de longo prazo nem estabeleci nenhuma meta de vida – sou feliz como qualquer ser humano merece ser.

Em 1950, tive *sorte* quando aquela dor no meu quadril era doença óssea de Perthes e não poliomielite.

Em 1955, tive a *sorte* de pegar a primeira onda cultural do surgimento do rock e da televisão.

Em 1960, tive a *sorte* de ganhar um violão.

Em 1965, tive a *sorte* de me tornar consciente socialmente e impelido a me envolver nos movimentos pela paz, pelos direitos civis e por justiça social.

Em 1966, tive a *sorte* de ser apresentado ao LSD e à sutil sabedoria do *I Ching* e do *Tao,* e aos ensinamentos de Lao Tzu e

Buda, Yogananda, Yogi Ramacharakra, Ramakrishna, Vivekananda, Alan Watts e Timothy Leary.

Em 1967, tive a *sorte* de ficar tão profeticamente "inspirado" sob o efeito do LSD que telefonei para Constance, em Nebraska, e a pedi em casamento. (Foi uma *sorte* imensa ela ter dito "Sim" (embora ela diga que ainda não se decidiu se foi sorte ou não!)

Em 1969, tive a *sorte* de ser contratado como artista/compositor pela Epic Records.

Em 1971, tive a *sorte* de acidentalmente me inscrever no Lee Strasberg Theater and Film Institute [Instituto de Teatro e Cinema Lee Strasberg].[1]

Em 1972, tive a *sorte* de ficar entretido e fascinado pelos escritos de Aleister Crowley.

Em 1975, tive a *sorte* de conhecer e ser iniciado pelos discípulos veteranos das Ordens mágicas de Crowley e iniciar formalmente meu estudo e prática da Magia Cerimonial Ocidental.

Em 1988, recebi uma ligação de um dos meus autores contemporâneos favoritos, Christopher S. Hyatt, Ph.D. Mais ou menos um ano antes, eu o tinha iniciado na nossa Loja local da *Ordo Templi Orientis,* em Newport Beach. Ele me perguntou se eu queria contribuir com um capítulo em seu novo livro sobre o Tantra Ocidental.[2] Nunca tinha pensado em escrever nada profissionalmente, mas parecia ser algo de que poderia gostar, então disse: "Claro!" Peguei emprestado um processador de texto com um amigo e escrevi algumas palavras que achei apropriadas. Em 1990, o dr. Hyatt

1. Estava esperando sozinho na recepção do estúdio, enquanto meu amigo fazia um teste. De repente, John Marley, o famoso ator, pôs a cabeça para fora da porta do estúdio e gritou: "Próximo!" "Por que não?", pensei, e o acompanhei até os fundos do estúdio, onde ele me apresentou a outro grande ator, Gerald S. O'Loughlin, que me pediu para sentar e me perguntou, na sua melhor voz e com o melhor sotaque de detetive durão da polícia de Nova York: "Então! Por que você *quer* ser um *ator?"* "Eu não quero ser um ator", respondi, "Só quero ser verdadeiro ao viver meu próprio drama". Acho que esse era exatamente o tipo de resposta que uma escola de método de atuação buscava. Fui aceito sem precisar de teste.

2. Christopher S. Hyatt, Ph.D., *Secrets of Western Tantra,* Scottsdale, Arizona: New Falcon Publications, 1989.

me ligou de novo e me perguntou se eu estaria interessado em escrever um livro com ele sobre os aspectos mágicos e cabalistas do Tarô em comparação às teorias junguianas sobre o assunto. Admiti para ele que definitivamente não tinha competência para comentar sobre o assunto e sugeri que ele procurasse outra pessoa. Quando ele me perguntou: *quem?*, fiquei bem pressionado a dar o nome de um especialista *vivo*. Ficou claro para mim que, nos anos em que estive estudando e praticando tudo isso com alegria, a maioria dos meus mentores pessoais tinha morrido.

Respondi: "Claro!" e, nos dois anos seguintes, dr. Hyatt e eu escrevemos quatro livros juntos, e contribuí com um punhado de outras obras lançadas pela mesma editora. Desde então, e nos últimos 25 anos, desfrutei de relacionamentos maravilhosos com outros ótimos editores e escrevi vários livros sobre Magia, Tarô, Qabalah, Maçonaria, enfim, quaisquer assuntos sobre os quais eu pudesse querer escrever.

Ao longo dos anos, tive a felicidade de conhecer alguns dos escritores esotéricos mais talentosos e importantes da minha geração, alguns dos quais, de vez em quando, gentilmente me convidavam a contribuir com introduções ou prefácios para seus livros. Para mim, essa é uma grande honra e um privilégio. Encaro essas oportunidades com muita seriedade porque elas me obrigam a fazer meu melhor para ir direto ao ponto e destilar meus pensamentos sobre qualquer assunto específico da forma mais sucinta possível. Como forma literária, no entanto, o leitor, compreensivelmente ansioso para chegar ao cerne do texto, costuma pular ou ignorar esse material introdutório.

Entristeceu-me pensar que esses breves textos poderiam continuar a ser as minhas obras mais ignoradas. Por isso, quero agradecer especialmente os vários autores e editores das obras representadas aqui, por me permitirem compartilhá-las novamente. Como os vários trabalhos abrangem uma grande variedade de assuntos mágicos e décadas da minha compreensão em desenvolvimento e opiniões, agrupei os ensaios nas categorias mais amplas de assunto, esperando que o leitor não se sinta obrigado a lê-los na ordem, mas explorá-los à medida que o interesse e a disposição pedirem. Deixo a cargo do uso sensato dos leitores a página do Índice para conduzi-lo pelo livro.

PARTE 1

PROFESSORES, HERÓIS E MENTORES

Não é sempre que a vida nos apresenta oportunidades para expressar adequadamente nossa gratidão e admiração por esses indivíduos, professores, heróis e mentores, que, por um motivo ou outro, foram diretamente responsáveis por moldar a qualidade do nosso caráter ou o curso da nossa trajetória de vida. Posso dizer, sem hesitar, que Aleister Crowley (que morreu alguns meses antes de eu nascer) e Israel Regardie (que tive o prazer de conhecer e com quem me correspondi) estão no topo da minha lista de professores, heróis e mentores. Considero um exemplo da verdadeira *sina* mágica as minhas circunstâncias de vida conspirarem para me permitirem escrever sobre algumas das mesmas obras que me inspiraram na minha juventude; obras que me lançaram nos meus 50 anos de aventuras em magia, escrita e educação. Sinto que é profundamente apropriado iniciar esta antologia de tira-gostos literários com minhas palavras introdutórias a vários dos livros que me apresentaram pela primeira vez à magia em geral e, em particular, aos trabalhos de Aleister Crowley.

A ÁRVORE DA VIDA

Um Estudo em Magia

PREFÁCIO PARA A EDIÇÃO DE 2017[3]

"Mas é apenas o próprio homem que pode esticar a corda do arco."

— ISRAEL REGARDIE

Minha vida é Magia.[4] No fim, o mesmo pode ser dito da vida de todos, pois a *magia ou magicka,* no sentido mais legítimo da palavra, é o mecanismo da consciência, e a consciência é por si só a natureza da existência. Tal reflexão nebulosa, por mais profunda e precisa, é uma forma um tanto obscura de abrir uma discussão sobre as teorias e práticas do Ocultismo moderno, e não é nada do que alguém espera ouvir quando lhe perguntam: "O que é Magia?"

Desde o início dos anos 1970, quando fui exposto pela primeira vez a ela como uma forma de arte espiritual, a magia, em suas muitas variedades, tem sido a minha paixão. Essa paixão logo evoluiu para uma

3. Escrito para Israel Regardie, *The Tree of Life: A Study in Magic,* Scottsdale, Arizona: New Falcon Publications, 2017.
4. Em inglês, usa-se o termo "magicka" como uma convenção moderna para distinguir a forma de arte espiritual da "mágica" de palco ou prestidigitação.

prática; e dominar a prática continua a ser uma aventura em andamento para autotransformação e realização pessoal. Magia é o meu "Jeito".

Gradativamente, ao longo dos anos, consegui compartilhar minhas observações e comentários sobre assuntos mágicos em plataformas publicadas, e (muito tarde na vida) esses projetos me renderam uma modesta carreira literária. Frequentemente, na minha capacidade como praticante e comentarista sobre o tema magia, tive oportunidade de viajar, discutir meus livros e ministrar cursos. Obviamente, não sou uma pessoa tímida e, em voos longos, gosto de conversar com as pessoas sentadas ao meu lado no avião e saber sobre suas vidas. Eles, por sua vez, perguntam sobre mim e questionam o que faço, e estou sempre feliz em me esforçar". "Eu escrevo, e estou voando para _____ para uma palestra sobre um dos meus livros". "Verdade? Que tipo de livros o senhor escreve?" E aí me dá uma agonia sobre como responder melhor. Tento ser tão sincero quanto possível, mas as pessoas podem ser supersticiosas, ter medo, e nem todos melhorarão com a exposição às coisas que os perturbam por um motivo ou outro. Por que estragar as poucas horas que temos juntos? Talvez fosse melhor mudar o assunto para coisas agradáveis na vida que temos em comum, como filmes e comida, ou nos gabarmos sobre como nossos filhos e netos vão bem. Mas quase sempre mordo a isca e acabo respondendo algo como: "Meu livro mais recente é sobre magia, cartas de Tarô e Qabalah Hebraica".

Silêncio mortal. Olhar vazio. Ou, se tiver sorte, *eles* mudam de assunto. Se *não* tiver sorte, eles ficam realmente interessados e perguntam: "Magia? Olha! Isso parece interessante. Me fale sobre magia".

É um fato conhecido da vida esotérica que não existe um "Manual de Magia". Mesmo em um voo de 14 horas para Pequim é impossível apresentar alguém apropriadamente à Magia. Mas aprendo? Não.

Após explicar que Magia não é tirar um coelho de uma cartola ou serrar uma mulher em duas, tento começar do início. "Bem, você conhece os sumérios?", eu perguntaria. "Eles foram grandes antes dos egípcios... camaradas bem estranhos, os sumérios... bem, eles viam tudo na vida como uma hierarquia de forças naturais que eles identificavam (metaforicamente) como deuses, anjos e demônios que tentavam influenciar e controlar. Eles organizaram essa população invisível nos mínimos detalhes, de acordo com sua compreensão dos elementos, das esferas planetárias, dos signos do zodíaco... *blá, blá, blá...*

Você provavelmente já ouviu falar no *Livro Egípcio dos Mortos?* Certo! Bem, *isso* era bem legal – um tipo de manual de instruções avançado que ensinava como realmente manipular as frequências da consciência, enquanto passamos pelas fases do coma... *blá, blá, blá...*

Os gregos descobriram que existência, tempo, espaço e *tudo o mais* são meros aspectos da consciência... *blá, blá, blá...*

Então, um bando de judeus bem espertos (chamados qabalistas) adoraram o que os gregos faziam com os números e começaram a brincar com a consciência em termos matemáticos com uma elegância impressionante, e organizaram quantidades infinitas de informações abstratas em fractais de padrões alfanuméricos replicados perpetuamente e que, quando observados, explicariam tudo *(se nós olharmos bem o bastante para qualquer coisa)... blá, blá, blá...*

Místicos cristãos e santos extáticos islâmicos observaram, em dado momento, que o Amor (sim, o *Amor)* é a verdadeira natureza da realidade, e que ele pode ser encarado como uma força genuína, objetiva e viva tão tangível quanto a gravidade. E se nós realmente formos bons em nos apaixonarmos, podemos desencadear dentro de nós o grande despertar cósmico a respeito do qual Cristo, todos os santos e as pessoas Sagradas falam há milhares de anos... *blá, blá, blá...*

Abra-melin, o Mago, tentou explicar tudo isso, revelando que cada um de nós é possuído por um deus pessoal, que ele chamou de Santo Anjo Guardião, que é, na verdade, a personificação da força do Amor... *blá, blá, blá...*

A Alquimia... blá, blá, blá...

Você já ouviu falar dos rosacrucianos? Bem, eles eram tipo os alquimistas, mas com um propósito! Ninguém sabe quem eles realmente foram... ou até se eles realmente existiram, mas acho que isso não importa, porque eles juntaram algumas das ideias mais legais do Hermetismo grego com o Cristianismo místico e, ao fazer isso, provocaram acidentalmente a Reforma Protestante... *blá, blá, blá...*

A Maçonaria adorava toda essa coisa cabalista, alquímica e hermética porque poderia ser racional e intelectualmente abordada, de forma que eles tentaram acordar todo mundo, pedindo para camaradas inteligentes analisarem tudo na vida, incluindo política, a partir de um ponto de vista lógico e científico. Logo, todos estavam percebendo como era uma tolice e uma superstição as pessoas acreditarem que reis e rainhas eram melhores do que elas, e que era estúpido essas nações travarem guerras umas contra as outras. Então, os maçons institucionalizaram tudo sob a bandeira da "Fraternidade Universal do Homem". Bem, isso desencadeou o "Iluminismo" e iniciou inadvertidamente as Revoluções Francesa e Americana... *blá, blá, blá...*

Ah, meu Deus! Eu já falei dos Cavaleiros Templários? Ora, *isso é que é história!... blá, blá, blá...*

Eliphas Levi disse que toda essa coisa deveria ser chamada de "magia"! Oh! E, aliás, as cartas de Tarô são os cartões da memória da Qabalah e da Alquimia e estão conectados com os gregos, os judeus, os Cavaleiros Templários, os rosacrucianos e os maçons... *blá, blá, blá...*

MacGregor Mathers... *blá, blá, blá...*

Aurora Dourada... *blá, blá, blá...*

Aleister Crowley – eles o chamavam de satanista, mas se ele fosse um, era do tipo bom!

Espero que esteja me entendendo. Olha só! Estamos pousando!

A magia é uma forma de arte, e, inicialmente, pretensos magos (assim como todos os pretensos artistas) se identificaram ou não com os estilos e formas da arte. Você é tocado e fica fascinado pelos mistérios da magia ou não. Se *for*, então não importa em que borda da piscina mágica você pula, vai ser fundo. Não importa onde ou como você inicia sua jornada, *aí* é onde você começa.

Hoje somos abençoados (e amaldiçoados) com a Internet, e com a oportunidade de ter o conhecimento coletivo das eras ao alcance dos dedos. Questões técnicas e filosóficas que, há alguns anos, poderiam ser respondidas apenas com uma visita à biblioteca e vasculhando pilhas de livros (muitos precisando de tradução), ou se matriculando em cursos universitários de pós-graduação, agora podem ser pesquisadas e respondidas em segundos, enquanto está sentado usando roupa íntima em casa.

É verdade. Nós temos o "Conhecimento das Eras" na ponta dos dedos. Mas, a menos que possamos digerir e aplicar esse conhecimento na nossa própria iluminação, ainda não teremos recebido a "Sabedoria das Eras". Os estudos do oculto são sobre a sabedoria, e ela não vem da leitura. A sabedoria vem apenas como resultado da autorrealização e da autotransformação, e é para *isso* que serve a magia.

O renascimento do Ocultismo, no fim do século XIX, foi um divisor de águas para todos que se identificam com a arte da magia. Desencadeado em parte em 1875, pela fundação da *Sociedade Teosófica* e as obras de Helena Petrovna Blavatsky e outros, o mundo falante de inglês foi apresentado às sutilezas sublimes do Budismo, do Hinduísmo e do ioga. Movimentos de saúde e mutações metafísicas do novo pensamento do Cristianismo deram aos partidários progressivos permissão para pensar fora da caixa ortodoxa. Sociedades "rosacrucianas" alemãs, francesas, russas e inglesas correram para bibliotecas antigas atrás de grimórios medievais, textos sobre Alquimia e Cabala, e fragmentos de manuscritos mágicos e herméticos escritos em grego, hebraico e latim.

Em 1888, foi fundada *A Ordem Hermética da Aurora Dourada,* que (principalmente por meio dos esforços de seu principal adepto visionário, Samuel MacGregor Mathers) misturou engenhosamente 2 mil anos de sistemas e práticas esotéricas, resultando em um rico creme mágico – uma sociedade iniciática estruturada em Graus, no estilo maçônico – com motivos egípcios deslumbrantes, e evidente estrutura cabalista. Por alguns anos, a Aurora Dourada serviu como um "centro de compras de conveniência" de magia, e (para aspirantes falantes de inglês) era o único jogo na cidade.

Infelizmente, era um jogo secreto. Os jogadores eram obrigados, por juramentos terríveis, a nunca revelar os detalhes da instrução, das práticas, das cerimônias ou os nomes de outros membros. Previsivelmente, fragilidades humanas, rivalidades e uma cisão levou a Aurora Dourada a um fim embaraçoso e precoce nos primeiros anos do século XX. Várias "continuações" da organização original, incluindo a *Stella Matutina* (um híbrido muito ativo da Aurora Dourada, que serviu como a

"Aurora Dourada" de um jovem Israel Regardie) continuaram a operar esporadicamente com vários graus de sucesso. Mas os rituais secretos e as palestras de ensino foram logo publicadas, e os anos dourados da Aurora Dourada nunca retornaram às suas glórias do passado.

Em 1932, quando o jovem Israel Regardie escreveu *A Árvore da Vida – Um Estudo sobre a Magia*, o mundo oculto entrou claramente na era pós-Aurora Dourada. A geração pioneira (com poucas exceções notáveis) diminuiu ou desapareceu totalmente. Aquelas jovens almas corajosas, que estavam prestes a se tornar a próxima onda de magos (assim como a pessoa curiosa sentada ao meu lado no voo), não estavam armadas com uma informação adequada indispensável para tomarem uma decisão consciente a respeito da magia. Regardie viu a necessidade de um resumo fundamental, mas abrangente, do mundo da prática mágica, como ela era compreendida e praticada no século XX, e ele tomou para si a tarefa de criá-lo. Quanto a mim, fiquei feliz que ele tenha feito isso, pois, quando li pela primeira vez *The Tree of Life (A Árvore da Vida),* em 1972, eu era um amador ingênuo, mal armado com pequenos detalhes da sedutora tradição mágica e não fazia ideia de como era o panorama geral.

Eu nunca tinha ouvido falar em Regardie, comprei o livro simplesmente porque buscava por alguma informação sobre o diagrama chamado "Árvore da Vida" para complementar minhas explorações preliminares com a Qabalah Hermética. Em vez disso, eu me vi frente a frente com uma minieducação em artes liberais nas histórias, teorias e práticas de 2 mil anos de sistemas e técnicas mágicas (completo, com raras traduções e excertos importantes de documentos clássicos).

O leitor pode ficar um pouco desencorajado (como fiquei) pelo estilo de escrita de Regardie e o que parecem ser suas tentativas transparentes de soar maduro, oculto e profundo. Às vezes apenas soa como se ele estivesse tentando nos impressionar com seu brilhante vocabulário. Minhas suspeitas de que era essa a sua intenção foram confirmadas: no nosso primeiro encontro, em 1976, mencionei por acaso como foi difícil para mim atravessar partes de *The Tree of Life*. Ele riu, rolou os olhos e confessou:

"Ah, meu Deus! Eu era um menino! E queria provar que era tão prolixo quanto o Velho Crow".[5]

Excessivamente prolixo ou não, *The Tree of Life* continua a ser um documento fundamental da magia moderna que continuará a abrir a porta para a Magia por muitas gerações.

5. i.e., Aleister Crowey.

A LENDA DE ALEISTER CROWLEY

Um Estudo dos Fatos

PREFÁCIO PARA A EDIÇÃO DE 2016 [6]

"Olhe! Não interessa se Crowley era um Satanista, ele era um Satanista do bem, e você vai adorá-lo! Acredite em mim!"

— ROBERT (MAD BOB) PATTON

Você provavelmente já ouviu coisas sobre Aleister Crowley (1875-1947). Talvez tenha ouvido coisas monstruosas – hediondas – horripilantes – nojentas e assustadoras. Por outro lado, poderia ter ouvido coisas maravilhosas – engraçadas – extraordinárias – inspiradoras – até mesmo sobrenaturais ou sagradas? Qualquer um que ache que saiba algo sobre Crowley, muito provavelmente expressará uma opinião muito forte, desfavorável ou favorável.

Os críticos são rápidos em difamá-lo como o próprio Demônio – insano, perverso e maligno –, enquanto seus admiradores o exaltam como um gênio, um homem santo iluminado, um santo, um Buda, *Profeta de um Novo Éon*. Já faz quase 70 anos desde que Edward Alexander (Aleister) Crowley deu seu último suspiro, e as opiniões a respeito dele

6. Escrito para P. R. Stephensen e Israel Regardie, *The Legend of Aleister Crowley: A Study of the Facts*, Scottsdale, Arizona: New Falcon Publications, 2016.

permanecem tão apaixonadamente polarizadas quanto eram em 1930, quando a primeira edição de *The Legend of Aleister Crowley* foi publicada.

Como você saberá pelas belas palavras introdutórias do dr. Regardie (escritas em 1969), esse curto e breve volume foi originalmente escrito e compilado pelo editor e amigo de Crowley, P. R. Stephensen, para servir como um testamento *dos* talentos extraordinários de Crowley e de suas contribuições para o mundo da literatura inglesa e da filosofia (e exibir uma amostra *deles*). O livro também foi uma tentativa sincera de montar uma defesa racional do caráter e da reputação de Crowley, que tem sido atacada sem misericórdia e de forma irracional pela imprensa, desde a virada do século. Os esforços de Stephensen para redimir Crowley, no entanto, não seriam imediata ou universalmente bem-sucedidos. Entristece-me dizer que hoje, 80 anos depois de sua primeira edição, o mundo precisa ler esse livro mais do que nunca.

The Legend of Aleister Crowley foi minha primeira introdução *real* à personalidade e às obras de Aleister Crowley. Primeiro o leio em uma época essencial na minha própria vida, logo depois do nascimento do nosso filho, em 1972. Dizer que foi um momento divisor de águas para mim seria um eufemismo monumental. Eu passaria a melhor parte dos 40 anos seguintes da minha vida estudando Crowley; digerindo seus textos; encontrando e aprendendo com pessoas que o conheceram quando ele estava vivo; praticando suas técnicas mágicas e de meditação, e tentando viver a filosofia de vida à qual ele aderiu com tanta paixão. No entanto, meus primeiros encontros casuais com as obras do homem que se autodenominava a *Besta 666* foram constrangedores e comicamente aterrorizantes.

Eu era um iogue malsucedido e um projeto de místico ocidental abrindo caminho pelas monografias da *Ordem Rosacruz, AMORC,*[7] a *Ordem Martinista Tradicional,*[8] e os *Builders of the Adytum [Construtores*

7. A Antiga e Mística Ordem Rosacruz (AMORC), com sede na época em San Jose, Califórnia. Fundada em 1915 por Harvey Spenser Lewis, que alegava que a organização era a encarnação moderna da antiga Ordem Rose-Croix (Rosacrucianos), a qual, por sua vez, era a continuação das escolas de mistério do Antigo Egito.

8. A Ordem Martinista Tradicional (OMT), uma Ordem mística de Místicos Cristãos que seguem um ramo dos ensinamentos do filósofo francês Louis-Claude de Saint-Martin. Na época do meu envolvimento, a OMT estava estreitamente alinhada com a Ordem Rosacruz (AMORC).

do Ádito].[9] Eu me via um pouco como um rebelde herético e espiritual, mas certamente não queria nada que tivesse a ver com algo que sugerisse magia negra ou Satanismo.[10]

Tudo o que li sobre Aleister Crowley até aquele momento era negativo. Meu dicionário sobre Ocultismo o listava como um mago negro que comia carne humana e que sacrificou 120 bebês em um ano. Meus superiores rosacrucianos de cabelo azul me disseram que ele era o próprio demônio. Meus companheiros martinistas me advertiram a nem pronunciar seu nome. Meus amigos amantes do Tarô na BOTA me alertaram que seus ensinamentos eram sexualmente perversos, e que ele defendia a realização de atos sexuais grotescos e não naturais sobre cartas de Tarô. Mas, por algum motivo curioso, quanto mais meus colegas místicos tentavam me dissuadir, mais fascinado eu ficava. Quem era esse cara?

Como escrevi em outro lugar, comprei um baralho de suas cartas de *Tarô Thoth*... então, histericamente, me livrei dele... então, peguei-o de volta após conversar com Mad Bob, nosso amigo familiar (e mentor espiritual), que me censurou profundamente por minha demonstração de covardia espiritual.

"Crowley era legal. Ele era um gênio e um homem santo. Se você quiser levar realmente a sério o domínio da magia e das artes herméticas, você vai ter de ir fundo no que esse cara fala".

"Mas todos dizem que ele era um satanista. Ele era?", perguntei a Bob.

9. A *Builders of the Adytum* (BOTA) [Construtores do Ádito] é originalmente uma escola de correspondência da tradição de mistério ocidental com raízes e tradições originadas da Ordem Hermética da Aurora Dourada e da Maçonaria esotérica. Fundada por Paul Foster Case em 1922 e sediada em Los Angeles, Califórnia. Na época do meu envolvimento, era liderada pela sucessora de Case, Ann Davies. A BOTA foca a princípio a Qabalah Hermética e o aspecto cabalista do Tarô.

10. Na ocasião, eu era um jovem tolo, ignorante e supersticioso, que não fazia ideia de que "Magia Negra" e "Satanismo" (como eu apreensivamente os imaginava ser) não existiam na realidade objetiva. Hoje, embora eu não me chame de feiticeiro negro ou Satanista, ou até me importe em usar esses termos para descrever minhas crenças e práticas, conheço alguns indivíduos perfeitamente brilhantes e inteligentes que ficam bem confortáveis em se identificarem como tal. Todos os que conheci são honestos, sinceros e, na minha opinião, tão liberados e detentores de uma elevada integridade moral quanto aqueles que seguem caminhos espirituais menos extravagantes e exóticos.

"Não. Ele não era um satanista!" Então, ele parou. "Bem, sim. Acho que você poderia dizer que ele era sim". Então, ele discordou de si mesmo mais uma vez. "Não... não mesmo!" Por fim, ele disse: *"Olhe! Não interessa se Crowley era um satanista, ele era um satanista do bem, e você vai adorá-lo! Acredite em mim".*[11]

Acreditei na palavra de Bob e, logo depois da nossa curiosa conversa, tive a oportunidade de ler *The Book of Thoth (O Livro de Thoth)*, de Crowley, a obra que foi escrita tarde na sua vida para acompanhar o baralho do *Tarô Thoth*. Eu me senti como um aluno do ensino fundamental tentando ler artigos de pós-graduação sobre magia, filosofia, alquimia, qabalah, astrologia e religião comparada. Embora eu entendesse apenas uma fração de uma fração do que eu lia, achei Crowley brilhante, divertido e alguém que tinha obviamente dominado as artes espirituais sobre as quais ele escreveu com tamanha paixão. Além disso, ficou incrivelmente evidente que Crowley tinha mesmo alcançado os níveis expandidos de consciência que suas práticas mágicas e meditações servem para despertar.

Crowley era uma figura, pensei. E, se isso significasse que ele era um Satanista, então ele era um Satanista do *bem... e eu o adorava!*

No entanto, *O Livro Thoth* e as cartas de Tarô forneceram pouca informação preciosa sobre quem era Crowley; qual era seu histórico; por que ele era tão admirado e odiado? Eu queria saber mais. Na ocasião, livros escritos por Crowley e a respeito dele eram muito raros, se existissem. Certa tarde, em uma livraria de Laguna Beach, uma linda gata preta chamada Catalina me guiou para um estranho livreto que me forneceria uma imagem mais clara de Crowley como homem, poeta e filósofo.

"Você tem algum livro de Aleister Crowley?",[12] perguntei à dona...

Ela me olhou como se eu lhe pedisse um livro sobre tortura de bebês, e respondeu que ela não achava que tivesse algum, mas apontou para o gato dormindo tranquilo na segunda prateleira da estante na sala ao

11. Lon Milo DuQuette, *My Life with the Spirits,* York Beach, Maine: Red Wheel/Weiser, 1999, p. 69-70.

12. Na ocasião, eu ainda pronunciava o nome de Crowley errado, falando "Craw-lee" em vez de "Crow-ley" (que rima com Holy).

lado. “Se eu tiver alguma coisa, vai estar na prateleira atrás da Catalina... isto é, se você conseguir tirá-la de lá”.

Dito e feito, lá estava o que parecia ser uma edição em brochura danificada de *The Legend of Aleister Crowley*, meio oculto logo atrás da felina um tanto obesa. Não parecia nada impressionante ou assustador. Na verdade, parecia ter uma produção bem inferior – a capa quase sem adornos ou cor com apenas uma simples ilustração de um *olho em um triângulo* e as palavras:

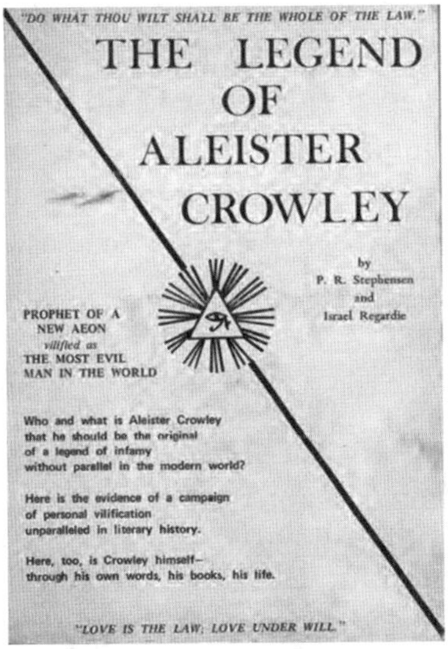

“Faze o que tu queres há de ser o todo da lei”.

A Lenda
de
Aleister Crowley

Escrito por
P. R. Stephensen
e
Israel Regardie

PROFETA DE UM
NOVO AEON
DIFAMADO COMO
O HOMEM MAIS MALIGNO
DO MUNDO

Quem e o que é Aleister Crowley
para que ele seja o original
de uma lenda de infâmia
sem paralelo no mundo moderno?

Eis aqui a evidência de uma campanha
de difamação pessoal
sem paralelos na história literária.

Eis aqui, também, o próprio Crowley –
Por meio de suas obras, seus livros, sua vida.

"Amor é a Lei, Amor sob Vontade".

Tenho de confessar que a linguagem tentadora da sinopse impressa de forma crua na capa me intrigou demais. Acariciei Catalina e agradeci a ela, então comprei imediatamente o livro da proprietária chocada e corri para casa para lê-lo.

Fiquei especialmente impressionado com a *Introdução* de Israel Regardie (1907-1985). Reconheci o nome porque já havia lido seu texto clássico, *The Tree of Life*,[13] como parte dos meus esforços autodidatas para aprender a Qabalah. Ele foi secretário de Crowley no fim dos anos 1920 e viveu com ele na França e na Alemanha durante um período especialmente animado na vida de Crowley.

Regardie tinha apenas uns dois anos a mais do que meu próprio pai e, portanto, aos meus olhos, representava um elo geracional entre mim e Crowley. Seu estilo de escrita contemporâneo e franco era agradavelmente palatável e serviu para tirar o verborrágico, intimidador, extravagante

---

13. Israel Regardie, *The Tree of Life: A Study in Magick*, New York: Samuel Weiser, 1972, publicado originalmente em 1932.

Crowley da névoa de mitologia supersticiosa e colocá-lo sob a luz clara objetiva da psicologia e da filosofia. Saber que esse respeitado e augusto autor pensava tão bem de Crowley era muito tranquilizador, e o fato de esse livreto ter seu selo de aprovação elevou profundamente sua importância na minha estima.

A linha de assinatura da *Introdução* de Regardie revelou que ele vivia em Study City, Califórnia, a pouco mais de 80 quilômetros de Costa Mesa, onde eu morava. De repente, as imaginações vaporosas da história e das lendas mágicas se cristalizaram nas coordenadas objetivas no tempo e no espaço do meu próprio quintal. "Talvez eu pudesse conhecer esse cara algum dia", pensei. (De fato, os deuses logo conspiraram para transformar essa fantasia em realidade. Em menos de dois anos, eu me vi sentado na sala de estar de Regardie, em Study City, bebericando coquetéis com champanhe e discutindo magia e Aleister Crowley com meu vizinho herói mágico. Regardie e eu permanecemos amigos até sua morte, em 1985.)

Não preciso lembrar o leitor de que 1972 foi há muito tempo e o mundo mudou dramaticamente nos últimos 35 anos. A reputação de Crowley, se não foi totalmente redimida, passou por uma avaliação mais justa e equilibrada no tribunal da opinião pública (pelo menos entre os educados e bem informados). Livros escritos por Crowley e *sobre* ele são abundantes e estão disponíveis em todo o mundo e em muitos idiomas. Seus ensinos e organizações ocultas florescem por todo o mundo, e suas contribuições para a arte moderna, a literatura e a filosofia são cada vez mais apreciadas e reconhecidas.

Em 2002, foi ao ar na BBC um documentário, "Great Britons", baseado em uma pesquisa conduzida pela rede, para saber quem os britânicos consideravam os cem "mais importantes britânicos na história". Lá, no 73º lugar, aninhado confortavelmente entre o rei Henrique V (famoso rei retratado em Shakespeare) e Roberto de Bruce (famoso por ter sido interpretado por Mel Gibson no filme *Coração Valente*), estava o ocultista, o mago cerimonial, o poeta, o pintor, o romancista e alpinista – *Aleister Crowley*.

Encerrarei estas palavras introdutórias encorajando calorosamente o leitor a se esforçar, se quiser saber mais sobre Crowley. Para mim, meu trabalho nesses últimos 40 anos foi bem recompensado, e minha vida, minha consciência (e ouso dizer... minha felicidade espiritual) foram enriquecidas pela vida, pelos ensinamentos, pela magia e pela *lenda* extraordinária de Aleister Crowley. Encorajo qualquer um que quiser um comentário mais completo e acadêmico sobre *The Legend of Aleister Crowley*... para também obter e ler a excelente edição de 2007 do sr. Stephen King, publicada pela Helios Books; e a aproveitarem a própria biografia de Crowley escrita por Regardie, *The Eye in the Triangle.*[14]

14. Israel Regardie, *The Eye in the Triangle*, Las Vegas: New Falcon Publications, 2ª edição da New Falcon, 2014; publicado originalmente em 1932.

O OLHO NO TRIÂNGULO

Introdução à Obra Definitiva de Regardie a Respeito de Aleister Crowley

---

Prefácio para a Edição de 2017[15]

"Crowley disse uma vez que, se um homem quisesse começar o estudo da Magia por desejar evocar um demônio para matar seu inimigo, tudo bem também. Pois o aluno logo descobriria a estrutura hierárquica do mundo da magia. Quer dizer, o demônio em questão não poderia ser controlado ou receber ordens até que o aluno entrasse em contato com a entidade imediatamente superior. E ele só poderia rogar para essa entidade funcionar em termos de seu superior – e assim por diante. Resumindo, então, o aluno seria obrigado a invocar, em uma linha direta, Deus ou a força espiritual que rege todas essas operações. Nesse caso, ele teria de unir sua consciência com a de Deus. Nessa altura, terão acontecido tantas transformações na consciência que a intenção maléfica original terá desaparecido e será substituída por outras aspirações mais dignas e elevadas."

— *Israel Regardie*

15. Israel Regardie, *The Eye in the Triangle: Introduction to Dr. Israel Regardie's Definitive Work on Aleister Crowley,* Scottsdale, Arizona: New Falcon Publications, 2017.

Nunca conheci Aleister Crowley. Ele faleceu sete meses e onze dias antes de eu nascer. Não! *Não* acredito que sou Aleister Crowley. Nunca nutri a fantasia de que *sou* ou *era* Aleister Crowley. Na verdade, desde a mais tenra infância, *fui* assombrado por uma memória bem clara e visões do que eu provavelmente fui em pelo menos uma vida anterior, e lhe asseguro que nenhuma dessas memórias não tem nada a ver com Aleister Crowley ou, de fato, com nenhuma pessoa de importância histórica notável ou lendária.

Nos últimos 40 anos, no entanto, por causa da minha reputação dúbia como algum tipo de autoridade mágica, fui contatado por um bom número de indivíduos que me informaram, com uma seriedade impassível, que são a encarnação viva de Aleister Crowley, a Besta 666, e que devo imediatamente escrever um livro reconhecendo-os como tal. Eles alegam ter bastante evidência; sincronicidades cabalísticas; datas de nascimento, endereços ou números de telefone, sonhos recorrentes de orgias selvagens, e recibos de compras totalizando $6,66.

Quando encontrei o dr. Francis (Israel) Regardie pela primeira vez (1976), descobrimos que nós dois tínhamos uma coleção e tanto desses contatos pitorescos. Nós trocamos alguns relatos, então resolvemos naquele momento que seria muito divertido reunir nossas histórias e cartas sobre a encarnação de Crowley em um livro que intitularíamos *Liber Nutz.* Nós dois levávamos o projeto meio a sério e, nos anos seguintes, ele às vezes me ligava e me mandava investigar outra manifestação do Crowley na vizinhança. Previsivelmente, o projeto excêntrico nunca se manifestou. Regardie morreu em 1985 e, com ele, *Liber Nutz.*

Não importa o que você possa ter lido em contrário na Internet, *não* fui "aprendiz de magia" de Regardie. Nem fui seu aluno formal. Nunca fui "iniciado pessoalmente" por ele em algum tipo de Aurora Dourada, A.·. A.·. ou O.T.O.,[16] ou outra coisa. Posso, no entanto, orgulhosamente (e sem a menor medida de reverência e humildade) chamá-lo de um dos meus primeiros e mais influentes mentores mágicos. Ele esteve disponível sempre que eu tinha perguntas específicas sobre magia e Crowley, e

16. Nós dois *éramos* membros da organização de jovens maçônicos, a Ordem de DeMolay, e depois da descoberta deste fato nós nos levantamos e trocamos o Sinal, o Aperto de Mão e a Palavra Secreta de um iniciado DeMolay.

foi generoso com seu tempo, informação e opiniões. Ele também apoiou nossa Loja O.T.O.,[17] em Newport Beach, e doou livros duplicados de sua própria biblioteca substancial, e outras bugigangas mágicas.

Antes de conhecê-lo, no entanto, ele era um deus inatingível (na minha mente, pelo menos), um personagem mitológico misterioso saído do passado lendário distante; como Merlin, ou John Dee, ou Cagliostro, ou Woodman e Westcott, Mathers e *Aleister Crowley.*

Em 1972, Constance deu à luz um lindo menino,[18] e os DuQuette se transformaram magicamente de um jovem casal *hippie* em uma família. Foi também o ano em que abandonei uma década energizada por drogas de um trabalho perigosamente bem-sucedido como músico e intérprete, e pretensiosamente comecei minha busca pelo Santo Graal por respeitabilidade e estabilidade. (Quarenta e cinco anos depois, devo confessar que, infelizmente, ainda estou falhando espetacularmente nessa busca.) No entanto, durante aquele período de transição na juventude, descobri algo ainda mais precioso que a anestesia venenosa da previsibilidade da classe média norte-americana. Encontrei a *Magia* e as obras de Edward Alexander (Aleister) Crowley.

Como qualquer mago lhe dirá, a magia não é *algo* que a maioria pensa que é. Na realidade, a magia não é nada como *alguém* acha que é. A magia deixa de ser magia quando alguém consegue explicá-la para você; e a magia deixa de ser magia quando você acha que consegue explicá-la aos outros. É um verdadeiro paradoxo, e deve ser assim. É tudo bem *Zen.*

Ainda assim, no caso de alguns de nós, somos irresistivelmente atraídos pela forma artística da magia (e não erramos, a magia é a *forma artística* espiritual mais animada e poderosa), não porque acreditamos que ela seja o único caminho para a iluminação (ou até que seja um bom), mas porque algo especial (sempre borbulhando dentro de nós) nos diz que é o *nosso caminho.*

---

17. Loja Heru-ra-há, *Ordo Templi Orientis*, constituída em 7 de janeiro de 1978 por Hymenaeus Alpha, 777 (Grady L. McMurtry). A Loja H.R.H é a primeira Loja O.T.O. local, constituída sob os auspícios da Grande Loja dos Estados Unidos, e que continua a ser o corpo O.T.O. mais antigo a operar continuamente no mundo.

18. Nosso filho, Jean-Paul Lafayette DuQuette... ainda é o encanto do nosso coração.

Em 1928, um aluno de artes norte-americano, de nacionalidade britânica, com 20 anos de idade, Francis Israel Regudy (depois Regardie), foi capturado por essa atração e abandonou com toda a coragem seu lar privilegiado em Washington, D.C., e partiu para Paris para se tornar um discípulo residente do famoso Aleister Crowley, o autoproclamado *Professor Mundial e Profeta do Novo Aeon.*

Como o leitor logo descobrirá, *The Eye in the Triangle* é o comentário ampliado de Regardie sobre seus anos com a Grande Besta e a vida e as obras de seu infame ex-empregador. Além disso, o livro é uma tentativa de uma análise criteriosa, se não completamente objetiva, dos processos psicológicos que faziam *Crowley* "surtar" de forma tão peculiar. Ao mesmo tempo, as observações de Regardie também podem nos dar alguma noção do que poderia estar fazendo *Regardie* "surtar" de forma tão peculiar.

Você pode achar que muito do que está em *The Eye in the Triangle* é ultrapassado pelos atuais padrões psicologicamente sofisticados. Jung não é mais tão novo e ousado, e, em se tratando de questões sexuais, existe muito pouco que nos incomoda hoje, pelo menos.

Em meados da década de 1970, quando li *The Eye in the Triangle* pela primeira vez, era a única biografia adequada de Crowley disponível. O livro risivelmente ruim de John *Symonds*, *The Great Beast*,[19] de 1951, e aquele de autoria do próprio *Crowley, Confessions of Aleister Crowley*[20] (maravilhoso, mas nada completo ou objetivo) foram as únicas coisas nas quais consegui pôr as minhas mãos. As coisas são misericordiosamente melhores para os alunos hoje em dia, e o livro do dr. Richard Kaczynski, *Perdurabo – The Life of Aleister Crowley,*[21] continuará provavelmente a ser por muitos anos a biografia mais completa, precisa e objetiva de Crowley.

Como defensor de Crowley, Regardie deve receber o mérito por superar os insultos cruéis, pequenos e desagradáveis que Crowley lhe fez

19. John Symons, *The Great Beast – The Life of Aleister Crowley,* London: Rider and Company, 1951.

20. Aleister Crowley, *The Confessions of Aleister Crowley* – an Autobiography, London: Mandrake Press, 1929.

21. Richard Kaczynski, *Perdurabo – The Life of Aleister Crowley*, Berkeley: North Atlantic Books; edição revista, 2010.

quando jovem, nos anos seguintes à sua associação. Creio que não foi fácil para ele fazer isso. Não acredito que ele tenha feito isso como alguma forma de gesto dos 12 *passos* de perdão para se sentir melhor em seus últimos anos de vida. Em vez disso, simplesmente acredito que ele chegou a um ponto em sua vida em que conseguiu colocar toda a experiência maravilhosa e dolorosa em perspectiva; ele reconheceu que o brilho da genialidade de Crowley transcendia e eclipsava suas inúmeras (e graves) falhas; reconheceu que era seu dever à humanidade – seu dever ao avanço do pensamento humano – possibilitar ao mundo ver o sol incandescente da genialidade de Crowley e a mensagem libertadora da alma que ele tentou transmitir.

Obviamente, sou um grande admirador de Crowley e de sua obra (isso se deve em grande parte ao dr. Regardie e suas várias obras a respeito de magia). Canto muito os louvores de Crowley. Escrevo livros que são comentários extensos sobre as obras de Crowley. Ele sempre me impressiona e me inspira. É meu Santo Profeta. Por outro lado, ao lê-lo, deparei-me com algo que ele disse ou escreveu em algum momento, durante seus incríveis 72 anos, que me choca – me enoja – e me irrita. Sei com certeza que eu *não* teria gostado de Aleister Crowley em um nível pessoal. Nós não teríamos nos dado bem. A esse respeito, fico feliz por ele estar morto.

Mas... Crowley foi um gênio.

Você já teve a (falta de) sorte ficar ao lado de um verdadeiro gênio exagerado e autêntico por algum tempo? Um artista? Um escritor? Um cineasta? Um bailarino? Um matemático?

Eu tive.

É duro! É frustrante. Às vezes é até perigoso! ... não porque o gênio tenta ser rude, imprudente e arrogante. Para nós, mortais, pode parecer que o gênio está se comportando como um babaca insano. Mas ele ou ela, na maioria das vezes, ignora completamente os efeitos que tem sobre os outros (ou não se importa com eles). É porque a *arte* do gênio é sua *alma*. O corpo, a mente, a personalidade, o caráter, os desejos, os sonhos, as esperanças e os medos são meros servos para sua arte – e Deus nos livre se algo ou alguém ficar no caminho do gênio e de sua *arte*.

Crowley foi um gênio, e o conjunto de sua obra é uma obra-prima – uma tão verdadeira quanto uma sinfonia de Beethoven, uma pintura de Da Vinci ou uma obra de Michelangelo.

É verdade, Aleister Crowley tinha muitos defeitos monstruosos, mas Beethoven, Da Vinci e Michelangelo também. Todos eram loucos de pedra. Mesmo assim, criaram obras imortais, que expandem a consciência. Por meio de sua genialidade, eles manifestaram verdade. E a verdade é maior do que qualquer personalidade frágil e ilusória. Regardie precisou de muitos anos para deixar para trás as alfinetadas e ofensas pessoais que ele sofreu da caneta de Crowley, mas ele acabou conseguindo, e todos fomos agraciados por esse ato de generosidade póstuma.

É claro que a imagem do "Olho no Triângulo" tem muitas conotações mágicas e místicas. É certamente um título profundo e apropriado para o tratamento dado à vida e às obras de Aleister Crowley por Regardie. Creio, no entanto, que também representou a abertura do olho de Regardie à importância espiritual da contribuição de Crowley à evolução da consciência humana, e à importância de seu próprio papel vital e responsabilidade em apresentá-la ao mundo.

E agora, não quero mais tomar o tempo do leitor com essas palavras introdutórias. Desse modo, eu gostaria de encerrar com algo que escrevi há mais de 30 anos para minha própria diversão e dos meus amigos e colegas que conheciam e adoravam o dr. Francis (Israel) Regardie.

Logo depois da morte de Regardie, em 1985, testemunhos e homenagens preencheram um punhado de publicações de temática ocultista e metafísica. A maioria dessas homenagens póstumas tinha uma coisa em comum; quase todas passavam uma grande parte do artigo contando ao leitor o quanto *Regardie* as admiravam e as respeitavam! Eu me senti constrangido e um pouco envergonhado pela exploração de mau gosto do momento feita pelos meus colegas mágicos, então escrevi uma paródia (sob um pseudônimo mágico) zombando de seus artigos egoístas. Convenci um editor compreensivo de uma revista esotérica proeminente da época que era uma gentileza publicá-la. Se você acha que ela soa ridícula e absurda... acredite em mim ... não chega nem perto de alguns dos *In Memoriams* "reais" publicados depois da sua morte.

Esta tola e breve paródia é meu mais sincero presente de agradecimento a Regardie; minha forma de lhe dizer o quanto eu realmente o amava, respeitava e admirava. Sei que ele estaria às gargalhadas.

Israel Regardie
Lembranças de seu aluno favorito

Por Frater Stonehenge Equinox
(Como relatado a Lon Milo DuQuette)

Não muito depois de me conhecer, a saúde de Regardie começou a se deteriorar. Embora nós tenhamos nos encontrado pessoalmente apenas duas vezes, ainda consegui ter um efeito profundo na sua vida. Dizem que você nunca tem uma segunda chance de fazer uma boa primeira impressão, e, modéstia à parte, a primeira impressão que Regardie teve de *mim* foi permanente.

Na ocasião, como não sabia seu endereço, vigiei sua caixa postal em Study City. Três dias depois, ele finalmente chegou para pegar sua correspondência. Ele quase perdeu a oportunidade de me encontrar porque, infelizmente, eu adormecera na calçada perto da banca de jornal na frente do edifício. Porém, o destino não pode ser frustrado, e os deuses guiaram suas pequenas pegadas para pisar na minha mão e no meu braço esquerdo. Por sorte, ele não se machucou muito na queda, e, enquanto eu o ajudava a resgatar sua correspondência na sarjeta, agarrei a oportunidade de me apresentar.

"Equinox é meu nome, Stonehenge Equinox. Você é o motivo de eu gostar de magia".

Ele me respondeu com uma espantosa amostra de telepatia.

"Por um acaso você tem seguro saúde?", perguntou (sem esconder o fato de que ele já sabia a resposta).

Eu o acompanhei até seu carro, onde mostrei a ele minhas tatuagens e o entretive com uma *performance* improvisada do meu *Ritual do Pilar Diagonal*. Ele fingiu desinteresse, mas dava para perceber que ficou positivamente impressionado. Grandes magos não precisam de palavras para se comunicarem uns com os outros, por isso não fiquei surpreso em vê-lo correr para seu carro sem pronunciar nenhum som (embora tenha feito gestos).

Nosso encontro seguinte foi mais místico e íntimo. Graças à providência divina, encontrei seu número de telefone rabiscado na parede do banheiro na *Livraria Bodhi Tree*, em West Hollywood, e liguei para ele na mesma hora. Disfarçando minha voz de brincadeira, eu lhe disse que tinha dado um mau jeito nas costas e marquei uma consulta para um ajuste quiroprático.

Não há dúvidas de que o homem era onisciente, mas ele parecia genuinamente surpreso em me ver, quando eu e minha (então) namorada, Diana Ishtar Sophia Morgana, aparecemos na sua porta.

O gentil homem perguntou se eu tinha ido lá para o ajuste na coluna e demonstrou sua alegria por eu ter levado alguém para me ajudar em casa. Que santo! E, você sabe, ele tinha razão. Depois desse tratamento, não consegui andar por três semanas!

Assim começou uma odisseia de cinco anos de uma intensa correspondência espiritual. Toda sexta-feira, eu enviava para ele meu registro mágico, meu diário dos sonhos, sigilos de sêmen e trechos do meu (ainda) inacabado romance, *Sex Wizards of Phlegm*. Toda semana, como um reloginho, minhas cartas e pacotes voltavam para mim aparentemente fechados e inéditos.

No entanto, para um vidente treinado como eu, adepto às viagens na visão espiritual, essas "mensagens silenciosas" eram um baú do tesouro de instrução e encorajamento mágicos profundamente pessoal. Sua energia pingava de cada página, e todas estavam vivas com conselhos práticos, martírios iniciáticos e segredos ocultos transmitidos mentalmente. Foi desse modo que ele me consagrou "Psicopompo de North Hollywood".

Então, logo antes de sua morte, ele resolveu abandonar nossa correspondência astral e se comunicar comigo no plano material com uma carta por escrito. Foi nessa última carta que me revelou de forma comovente seu afeto pessoal profundo por mim, iniciando sua mensagem me tratando como "Caro..."

Foi também nessa carta que revelou um conhecimento prévio místico de sua morte iminente.

Após me aconselhar a respeito de questões de saúde mental, higiene pessoal e o uso adequado do idioma, ele encerrou com as seguintes palavras, assustadoramente proféticas....

"Você não precisará falar comigo *nunca mais*!"

COMO FAZER E USAR TALISMÃS

Prefácio para a Segunda Edição Não Publicada[22]

"Magia é a Ciência e a Arte de causar mudanças de acordo com a Vontade."

— Aleister Crowley

Sou um Mago. Por quase 30[23] anos tentei, por meios tradicionais e proibidos, causar mudanças na minha vida de acordo com o que eu percebia ser minha Vontade. Digo "percebia" ser minha Vontade, porque só quando alguém desenvolve um nível significativo de iluminação pode, com algum nível de certeza, saber qual é realmente sua Vontade.

Por favor, não suponha que, só porque pratiquei magia por tanto tempo, possua uma visão clara da minha verdadeira Vontade ou me considere um mestre iluminado. Não. O que possuo, entretanto, é muita experiência mágica, e a experiência é o solo fértil da sabedoria. Naturalmente, essa potencialidade se desintegra se não consigo me lembrar dessas experiências de modo a aplicar suas lições na minha vida mágica. Por esse motivo, é importantíssimo que um mago mantenha um registro de suas explorações.

22. Escrito para uma segunda edição não publicada de Israel Regardie, *How to Make and Use Talismans*. New York: Samuel Weiser, Inc., 1972.
23. Isso foi escrito em 2001.

Para mim, rever velhos diários mágicos nunca é uma experiência agradável. Toda vez que abro e leio um dos meus antigos diários, fico paralisado por uma combinação de constrangimento nauseante e admiração. Ranjo os dentes e me contorço enquanto revivo os pensamentos e sonhos daquele jovem tolo, fútil, egocêntrico, ingênuo, cego pelo ego, que me olhava fixamente nos espelhos do passado.

Por mais doloroso que tenha sido, rever meus registros mágicos me deu a oportunidade de representar em um gráfico a trajetória e o ímpeto gerais da minha evolução espiritual. Consegui, em vários exemplos, apontar o minuto exato que meus esforços mágicos causaram mudanças conforme minha Vontade – momentos que mudaram dramaticamente minha vida, e as vidas dos outros. Na verdade, neste exato momento, *você* está lendo as palavras nesta página como o resultado de uma operação mágica que iniciei há 26 anos. Aliás, faz 26 anos hoje.

No outono de 1974, fui enredado no que educadamente descrevi como um ponto de virada na minha vida. Eu tinha 26 anos de idade, estava casado, com um filho de dois anos. Tentava desesperadamente me afastar de uma carreira nada saudável como músico e lutava para trazer alguma aparência de estabilidade e direção para minha vida. Vários anos antes disso, para tratar de uma intensa fome espiritual, entrei no mundo introdutório dos Mistérios Ocidentais – mais especificamente, o trabalho de Grau da *Ordem Rosacruz, AMORC* e os *Construtores do Ádito (BOTA)*.

Por mais fascinantes que fossem meus estudos, eles eram apenas isso – estudos. Minha vida precisava de mudança. Eu não queria apenas estudar magia; queria colocá-la em prática – mas, que tipo de magia? Eu tinha ouvido umas coisas bem assustadoras sobre os males da magia, então estava desesperado para encontrar um lugar seguro para começar.

No início de janeiro de 1975, em uma velha e abafada pequena livraria de ocultismo em North Long Beach, comprei *How to Make and Use Talismans,* de Israel Regardie. Confiava em Regardie, após ler vários de seus textos mágicos clássicos. Esse livreto, no entanto, era diferente. Era, na verdade, um manual prático de magia. A explicação sensata e direta dos fundamentos da magia dos talismãs dissipou na hora as minhas dúvidas supersticiosas. Sua oferta generosa de gráficos, diagramas e ilustrações (que logo copiei e colei no meu diário mágico) fez dele uma informação valiosa e fácil de usar. Mal podia esperar passar de aluno para praticante. Depois de lê-lo várias vezes, eu sabia exatamente por onde precisava começar.

No segundo capítulo, Regardie sugere que talismãs planetários podem ajudar a superar aspectos desfavoráveis que possam estar afetando o mapa astral da pessoa. Eu sabia que tinha aspectos difíceis no meu mapa astral de nascimento, então entrei em contato com meu irmão, Marc (o astrólogo), para ver qual planeta precisaria de uma ajudinha extra. "Todos", ele me informou com frieza. Mas, por reger o meu mapa, ele sugeriu que eu tentasse primeiro fazer as pazes com a Lua.

Com o livreto de Regardie como meu guia, comecei a juntar símbolos para um talismã lunar em 23 de janeiro. Na meia-noite do dia 27, após ungi-lo com gotas do orvalho que tinham se formado sob o luar caindo no meu Chrysler de 1952, consagrei-o com o tanto de cerimônia que fui capaz de criar.

Meu talismã lunar era a coisa mais linda que já fiz. Era um modelo com um círculo duplo feito de cartolina. Extraí os sigilos do espírito e da inteligência lunar do *kamea* no livro e os desenhei cuidadosamente com tinta prateada contra um fundo violeta-escuro, passando a tinta na frente e no verso de um dos círculos. No outro círculo, pintei uma imagem prateada do deus elefante, Ganesha (a quem a Lua é consagrada), de um lado, e do outro, os símbolos planetários e geomantes apropriados. Em volta de um perímetro, escrevi em hebraico os nomes divinos e angélicos, e, no lado oposto, parte do salmo 72 *"...abundância de paz haverá enquanto durar a Lua"*. Quando ficou pronto, coloquei-o com amor e carinho dentro de uma bolsa de linho, que costurei com um fio violeta. Na tampa, bordei uma Lua Crescente prateada.

Fiquei muito orgulhoso de mim mesmo, mas ainda não me sentia um mago. Carreguei o talismã por alguns dias e me senti tremendamente fortalecido – mas fortalecido para fazer *o quê*? Eu não sabia. Não sabia ao certo o que deveria fazer em seguida. A resposta veio (assim como acontece com tantas respostas importantes) enquanto eu tomava banho. Eu deveria fazer todos os talismãs planetários!

Nos quatro meses seguintes, com a ajuda do livro de Regardie, *How to Make and Use Talismans*, e usando minhas habilidades artísticas e mágicas continuamente aperfeiçoadas, criei e consagrei um conjunto completo de sete talismãs planetários. Cada um era mais lindo e venerável do que o anterior. A ordem na qual os criei foi ditada pela gravidade das aflições planetárias no meu mapa astral. Consagrei o talismã de Marte em 12 de fevereiro. Nessa ocasião, eu tinha aprendido sozinho o Ritual de Invocação Suprema do Pentagrama e do Hexagrama, que, a partir desse momento, tornou-se parte dos meus rituais de consagração.

Júpiter foi o próximo, em 27 de fevereiro, seguido por Vênus, exatamente um mês depois. O talismã de Vênus evocou as reações mais extraordinárias. Meus sonhos ficaram cheios dos encontros eróticos vívidos com os quais não sonhava desde a adolescência. Eles continuaram até dia 4 de abril, quando consagrei meu talismã de Mercúrio, quando meus sonhos ficaram confusos e cheios de ansiedade. (Fazer o quê?)

Comecei meu talismã de Saturno em 10 de maio e o consagrei à meia-noite do dia 13. No dia seguinte, comecei a coletar os símbolos para o meu sétimo e último talismã planetário. Demorei dez dias para completar o Sol. Eu o consagrei durante um eclipse lunar que aconteceu em 24 de maio. Meu arsenal de talismãs planetários estava finalmente completo.

Durante todo esse período de fabricação de talismãs, e nos meses seguintes, a vida no lar dos DuQuette era uma ladainha de caos, frustração e desespero. Em uma tentativa de fazer dinheiro fazendo outra coisa além de cantar em bares, aceitei um trabalho como pintor de casas e nós nos mudamos para San Gabriel Valley. No fim, nunca fui pago por meu trabalho (inepto, tenho de admitir) e nos vimos largados na cidade mais poluída da Califórnia, sem trabalho nem dinheiro.

O dia 11 de julho amanheceu com a perspectiva do pior aniversário da minha vida. Aproximadamente às 11h15 da manhã, tranquei-me no quarto que usava como templo. Acendi uma vela e a coloquei em cima do meu altar. Realizei sem entusiasmo os rituais de banimento do pentagrama e do hexagrama, sentei-me e tentei meditar. Não consegui. Para me animar, tirei meus amados talismãs das suas bolsas e me prolonguei sobre cada detalhe do seu esplendor. Enquanto eu os virava nos meus dedos, sussurrava as palavras de poder e os nomes dos deuses, anjos e espíritos inscritos em cada um deles. Por fim, como se para trazer ordem ao meu universo outrora desordenado, coloquei o Sol no centro do altar e o cerquei com os seis planetas remanescentes em suas posições adequadas no hexagrama. Eles estavam tão lindos – tão perfeitos.

Por um momento, não soube como me sentir. Alternava entre momentos de depressão e orgulho – deprimido porque esses talismãs eram as *únicas* coisas perfeitas na minha vida, e orgulhoso que pelo menos *algo* era perfeito na minha vida. Olhei para o relógio. Era quase meio-dia e hora de me juntar à minha esposa e meu filho para comer o bolo de aniversário. Os dois riam na cozinha. O riso deles me fez rir também, e em uma epifania clichê, digna de um filme de Frank Capra, percebi que havia *várias* coisas perfeitas na minha vida.

Minha melancolia desapareceu. Atribuí aos talismãs a mudança no meu humor. Enquanto os observava lá em cima do altar, percebi que eles nunca foram mais lindos ou importantes para mim do que naquele momento. Em apenas algumas semanas, suas cores começariam a desbotar, as tintas craquelariam, as pontas se desgastariam. Em alguns anos, provavelmente eu perderia alguns deles, e aqueles que permanecessem murchariam até quase se desintegrarem. Como eu poderia preservá-los para sempre assim – no auge de sua força – em um ambiente onde sua beleza jamais se apagaria – um lugar onde seu poder nunca diminuiria? Só havia uma resposta, e ela me retornou na mesma onda de pensamento que levou minha pergunta.

Esses talismãs não me serviriam assentados no topo do meu altar, ou enfiados nas minhas bolsinhas estéreis. Eles teriam de fazer parte de mim, literalmente. Não! Mais do que isso – eu deveria usar sua magia para me tornar *outra pessoa* – alguém novo. Devo reabsorver meus preciosos filhos planetários e plantá-los no ventre da minha própria alma. Devo me impregnar com sua potência mágica e, ao fazer isso, gerar em mim um *novo* eu.

Um por um, alegremente, joguei os sete talismãs no fogo mágico da vela do altar, e inspirei sua luz e calor, enquanto os frágeis pedaços de papel e tinta se reduziam a uma cinza branca.

Era meio-dia do dia 11 de julho de 1975 – o primeiro momento da minha vida como um mago.

PARTE 2

CLÁSSICOS DA MAGIA

Alunos das tradições mágicas ocidentais costumam discordar quanto ao número dos pontos mais delicados da arte, e como eles devem ou não ser aplicados na prática. Existem aqueles que adoram Aleister Crowley por sua brilhante perspicácia e audácia, e os que o menosprezam por seu comportamento e estilo de vida. Existem aqueles que defendem a realidade objetiva de espíritos e demônios, e os que defendem que até a realidade objetiva é subjetiva. Mas uma coisa que quase todos os alunos de magia (pelo menos aqueles que estudam há alguns anos) têm em comum é nossas *bibliotecas*.

Não importa se você se considera do "Caminho da Mão Esquerda" ou do "Caminho da Mão Direita", alquimista ou feiticeiro, místico cristão ou mago thelemita, é bem provável que você tenha *O Livro de Abramelin (*ou *A Magia Sagrada de Abramelin, o Mago), Light on the Path, The Cloud Upon the Sanctuary,* as obras de Jon Dee e Georg von Welling e, é claro, o livro *Modern Magick,* de Donald Michael Kraig.

Ao longo dos anos, tive a honra e o privilégio de apresentar novas gerações de magos a esses textos clássicos e tenho um grande prazer de apresentá-los a você.

UM RELATO VERDADEIRO E FIEL DO QUE SE PASSOU POR MUITOS ANOS ENTRE O DR. JOHN DEE E ALGUNS ESPÍRITOS

INTRODUÇÃO À EDIÇÃO DE 1992[24]

Em 20 de julho de 1550, a comunidade acadêmica de Paris fervia de entusiasmo. O auditório da Faculdade Rhemes estava abarrotado com os homens mais eruditos da Europa. Jovens alunos agitados lotavam os beirais e pressionavam os ouvidos ansiosos nas janelas para ouvir uma palestra sem precedentes sobre matemática.

O palestrante era um extraordinário jovem inglês cujos comentários a respeito das proposições de Euclides surpreenderam e encantaram as grandes mentes da Universidade, em Louvain, e a corte de Carlos V, em Bruxelas. Com menos de 30 anos, ele vinha sendo aclamado como o "Novo Agrippa", o herdeiro dos maiores Magos Filósofos e primeiro "Mago" inglês.

24. Escrito para John Dee, *A True and Faithful Relation of What Passed for Many Years Between Dr. John Dee and Some Spirits*. New York: Magickal Childe, 1992 (facsímile da edição de 1659).

Chamava-se John Dee e estava destinado a se tornar o "ornamento da Era", uma das figuras mais influentes da Renascença inglesa... mas também uma das mais difamadas.

Para retratar adequadamente a vida e as conquistas de John Dee seria necessária uma série de tomos do tamanho deste que você segura agora. Mas, com pouquíssimas exceções, foi apenas recentemente que os biógrafos começaram a arranhar a superfície e explorar os incríveis detalhes negados ao público por mais de 300 anos.

Ele era matemático, físico, mecânico, geógrafo e químico. Foi tutor de famílias reais na Inglaterra e no exterior. Sua coleção particular de livros em sua casa foi a grande biblioteca da Inglaterra elizabetana. Ele foi engenheiro, antiquário, cientista e teólogo. Ele não era um amador convencido, mas um mestre dessas e de um grande número dc outras artes e ciências. Suas invenções e contribuições afetaram profundamente seu mundo.

Por que então ele não é celebrado com os outros eruditos do período elizabetano? Por que seu nome caiu nas fendas da história da Civilização Ocidental?

"Convocador de Demônios, Arquiconjurador, Necromante, Invocador de Espíritos condenados, Feiticeiro, Bruxo, Encantador, Mago Negro" ... essas eram ocupações também atribuídas a John Dee. Essas acusações o acompanharam durante toda sua vida e definiram sua reputação depois de sua morte.

Eu nem tentarei elaborar os detalhes dessa vida inacreditavelmente agitada. Deixo isso para duas das mais excelentes biografias modernas: *Elizabethan Magic*,[25] de Robert Turner, e especialmente *John Dee, The World of an Elizabethan Magus*, de Peter French.[26] Mas, neste ponto, creio que cabe aqui um breve resumo.

John Dee nasceu em 13 de julho de 1527, filho de Rowland Dee e Johanna Wild. A família (que descende de Roderick, o Grande, um antigo Príncipe de Gales) não era abastada, mas poderia se vangloriar de

25. Robert Turner, *Elizabethan Magic: The Art and the Magus,* London: Element Books, Ltd., 1990. Fora de catálogo, mas está disponível usada em vários lugares.
26. Peter French, *John Dee, The World of an Elizabethan Magus,* London: Routledge, edição reimpressa, 1987.

ter o que poderia ser considerada uma renda de classe média. Seu pai, um cortesão a serviço de Henrique VIII, tinha conexões na corte.

Em 1542, seu pai o mandou a Cambridge, onde o jovem Dee organizou seu tempo para que sua rotina de estudos durasse 18 horas por dia. Quatro anos depois, Henrique VIII fundou a Trinity College, e Dee recebeu uma bolsa como revisor assistente de grego.

Na Trinity, ele também se encantou pelo estudo de engenharia e de mecânica e se voluntariou como membro da equipe de palco na produção da peça PAX, de Aristófanes. O engraçado é que foi aí que começou sua reputação como Mago Negro. Suas inovações mecânicas únicas foram as responsáveis pelos efeitos especiais aparentemente milagrosos. A ilusão do Escaravelho voando até o céu com um homem nas costas provocou rumores de assistência sobrenatural – e, de fato, o equipamento construído por Dee para realizar essa ilusão incorporou tecnologia avançada e uma invenção não ensinada em Cambridge.

Em 1547, ele fez sua primeira viagem ao exterior para se consultar com os homens eruditos da época, na Holanda. Um ano depois, recebeu seu Mestrado de Artes de Cambridge e se matriculou em Louvain. Sua reputação por toda a Europa era surpreendente. Acadêmicos de muitos países viajavam para se consultarem com ele, e convites de reis e imperadores eram rotineiramente recusados, com toda a educação.

De volta à Inglaterra, no entanto, sua reputação como feiticeiro aumentou quando, em 1555, a administração da rainha Maria o aprisionou em razão de uma acusação falsa de *práticas pagãs e vãs de cálculos e conjuração para encantar a rainha*. Ele logo se livrou dessa queda da graça e, quando Elizabeth foi coroada, em 1558, Dee era um visitante frequente e bem-vindo na corte. Ele até recebeu a honra de preparar o horóscopo, determinando a data e a hora da cerimônia de coroação – o que é irônico, pois sua prática astrológica foi parte de seu problema com a rainha Maria.

Elizabeth consultava-se com frequência com Dee sobre assuntos de Estado, políticas internacionais e, o que é mais importante, as explorações aventureiras da Inglaterra no mar. Seu conhecimento de geografia, história e ciência era inigualável, e muitas das conquistas notáveis da

Rainha Virgem devem ser creditadas ao seu sábio conselheiro. Ela se tornou sua patrona e protetora.

Essa proteção real seria necessária, pois, enquanto crescia sua reputação como Mago Filósofo, também aumentavam os rumores e as acusações de magia negra. O elemento vulgar via sua genialidade excêntrica e singular como prova de que ele tinha associação com o demônio. Seu estudo do Hermetismo (um projeto perfeitamente natural para um acadêmico renascentista) foi visto por muitos com suspeita e medo. Sua casa e sua biblioteca em Mortlake foram saqueadas por uma turba de vizinhos, em 1583, enquanto ele estava no continente, e o extremista protestante John Foxe o difamou em uma publicação como "Doutor Dee, o grande Conjurador". Dee conseguiu impedir a calúnia, mas o estrago estava feito.

Dee obviamente sentiu que a discrição que ele exibia em casa na Inglaterra seria desnecessária no continente, mais esclarecido. Por seis anos, entre 1583 e 1589, ele e o vidente Edward Kelley praticaram abertamente várias formas de evocações cabalistas e angélicas.

Após voltar para a Inglaterra (a pedido de Elizabeth), ele continuou a ser atormentado e acusado. Elizabeth estava distraída demais com as intrigas da corte para oferecer apoio.

Os últimos anos de Dee foram infelizes. A peste levou sua terceira esposa, Jane Fromand, mãe de todos os seus oito filhos. Com o declínio de sua própria saúde, foi pressionado por intrigas de seus colegas a desistir de seu cargo como diretor da Manchester College. Voltou a Mortlake com sua filha Katherine, que foi sua enfermeira nos últimos anos.

Em dezembro de 1608, depois que o rei James I ignorou sua tentativa de limpar seu nome, sendo julgado como conjurador, Dee morreu em paz, em Mortlake.

Meric Casaubon não pretendeu imortalizar o dr. John Dee quando publicou parte dos diários mágicos dele em 1659. Muito pelo contrário, está claro que ele quis diminuir a considerável reputação de Dee, perpetuando o retrato de um acadêmico crédulo e espiritualmente ingênuo, cuja obsessão perniciosa com sonhos de se comunicar com os anjos o levou à sua ruína social e financeira.

Atiçando o leitor com avisos de que o material: "... poderia ser considerado e denominado um Trabalho das Trevas", Casaubon gastou tempo e uma quantia considerável na difamação da memória de um homem considerado por muitos de seus contemporâneos o maior matemático e filósofo de sua Era, o que pode ser percebido nas complexas e perigosas intrigas em torno da revolta social/política da Revolução Puritana.

Durante a Guerra Civil e o Período da Commonwealth (1642-1660), Casaubon permaneceu um leal e defensor convicto da Igreja Anglicana. Como um reconhecido e respeitado acadêmico clássico, ele ficou atordoado quando, em 1644, por ordem do governo, seu cargo em Canterbury e o salário que o acompanhava foram suspensos.

Privado de seus direitos, ele tentou se vingar do governo puritano atacando uma das doutrinas fundamentais da fé, isto é, a crença de que os indivíduos, independentemente dos cargos e de inspiração da Igreja, poderiam receber orientação espiritual diretamente de fontes divinas.

Se Casaubon conseguiu demonstrar que até o grande dr. Dee foi vítima de uma fraude diabólica, talvez a *cause célèbre* espiritual de Calvin e Cromwell também poderia ser um produto de ilusão satânica. Por correr o risco de enforcamento, se ele fizesse essa última afirmação publicamente, ele resolveu tentar provar a primeira.

O governo do Commonwealth ficou bem chateado com a publicação de *A True & Faithful Relation of What Passed for many Yeers between Dr. John Dee...and Some Spirits* (como Casaubon intitulou a obra). No entanto, tantas cópias do livro foram impressas e distribuídas, inicialmente, que todas as tentativas oficiais de o proibir fracassaram.

Nas mentes do público, os rumores do envolvimento de Dee na "Magia Negra" eram verdadeiros – confirmado por suas próprias palavras, em seus diários. Casaubon conseguiu sacrificar a reputação do maior Filósofo-Mago da Renascença inglesa no altar da conveniência vulgar.

No entanto, nós temos uma dívida de gratidão profunda para com Meric Casaubon, pois, não importa o quão indignos foram seus motivos, seu trabalho serviu como uma arca, uma cápsula do tempo, que preservou um dos registros mágicos mais extraordinários de todos os tempos.

O método da ciência, o objetivo da religião

Para o aluno moderno de magia, *A True and Faithful Relation...* é um tesouro inigualável. Nós experimentamos uma autoconsciência quase voyeurística enquanto a natureza íntima do registro se revela. Escutamos às escondidas os detalhes do evento mágico mais notável já registrado.

Para Dee, Magia era Ciência. Ele escreveu notas excelentes, registrando cada experiência com a precisão de uma anotação científica moderna. Ele não quis conversar com Anjos para que pudesse enfeitiçar a vaca do seu vizinho ou seduzir a garota da casa ao lado. Ele sinceramente desejava ter mais informação sobre as leis da natureza e os princípios subjacentes da Criação.

Assim como Henry Cornelius Agrippa e Giordano Bruno, Dee tinha consciência do fato de que ele talvez fosse o homem mais erudito de sua época. Tudo o que o Homem conhecia, ele conhecia. Era a principal autoridade do mundo em vários assuntos, de geografia a mecânica. A quem recorre um homem que sabe mais do que qualquer outra pessoa na Terra, quando *ele* ainda tem perguntas? A resposta era Deus, ou, mais precisamente, os mensageiros de Deus ao Homem, os Anjos, que, por toda a literatura bíblica, apareceram para homens pios para ensinar o conhecimento que estava oculto dos mortais. Um dia, o patriarca Enoch foi um desses homens que encontrou graça na presença de Deus – por isso, Dee usava a palavra "enochianos" para descrever seus esforços.

De 1582 a 1589, Dee e seu "vidente", Edward Kelly, mergulhavam quase diariamente no espelho de obsidiana negra, que era seu portal ao mundo "angelical". Apesar de sua reputação um tanto dúbia, Kelly era um vidente talentoso. Ficou óbvio, desde as primeiras sessões, que acontecia algo extraordinário. Os dois homens pareceram genuinamente surpresos com o sucesso dos contatos iniciais, e a inabilidade dessa primeira sessão é engraçada de uma forma comovente.

Questões a respeito da política mundial e de assuntos do Estado dominaram esses primeiros encontros, mas, com a continuação das sessões, ficou claro que os Anjos tinham um propósito próprio.

Dee e Kelly foram informados de que o mundo angelical poderia ser acessado com mais facilidade, e as comunicações seriam mais fáceis e eficientes se o mago realmente falasse a língua dos Anjos. Os Anjos Comunicadores então começaram, do modo mais complexo e extraordinário, a ensinar o idioma angelical para eles. Esse evento não tem paralelos na história mágica. Israel Regardie, em sua vasta obra, *The Complete Golden Dawn System of Magic,*[27] escreve:

> "A linguagem enochiana não é uma mera combinação e compilação aleatória dos nomes divinos e angélicos retirados das tábuas [enochianas]. Aparentemente, é uma verdadeira linguagem com uma gramática e sintaxe próprias. Apenas um estudo superficial das invocações basta para indicar que isso é um fato. As invocações não são sequências de palavras e nomes bárbaros, mas sim frases com um significado, quando traduzidas, e não apenas transliteradas".

Dezoito invocações, ou "Chamados", escritos na linguagem angelical, compõem um sistema pelo qual o mago pode acessar o universo elemental invisível subjacente ao mundo fenomenal. Uma décima nona evocação é usada para penetrar no mundo espiritual, conhecida no sistema como os Trinta *Aethyrs* ou Ares. Eles correspondem praticamente aos planos ascendentes de consciência do universo cabalístico e são explorados pelo mago da mesma forma que os "trabalhos do caminho".

É irônico Dee e Kelly não utilizarem muito da informação técnica ditada a eles. Eles pareciam quase totalmente absortos no processo de obtenção dos dados.

Mais de 300 anos se passaram até que o material que Dee e Kelly se esforçaram tanto para obter fosse organizado em um sistema mágico pelo gênio da Aurora Dourada, S. L. MacGregor Mathers, que reconheceu o valor intrínseco do material diário remanescente. Os registros encontrados em *A True and Faithful Relation ...* forneceu o grosso dessa informação.

27. Israel Regardie, ed., *The Complete Golden Dawn System of Magic,* Las Vegas: New Falcon Publications, 1985; 2ª edição, 2008.

Os dois principais ramos da Magia Enochiana prática moderna (Elemental e Aethírico) foram implantados por Mathers no currículo Adeptus Minor da Aurora Dourada. Em 1898, Aleister Crowley entrou para a Aurora Dourada e, em 1900, conquistou o Grau de Adeptus Minor. A paixão de sua exploração do sistema enochiano excedeu muito os esforços de seus antecessores e, em 1909, enquanto atravessava o Saara, no norte da África, completou suas explorações sistemáticas dos 30 mundos dos *Aethyrs* e as narrou em sua obra-prima, *The Vision and the Voice*. Estudiosos do Hermetismo fizeram uma comparação séria desse documento com os trabalhos visionários de William Blake e os escritos proféticos de Ezequiel e São João, o Divino.

O interesse na Magia Enochiana propagou-se de forma extraordinária nos últimos dez anos,[28] e livros sobre o assunto exigem um espaço respeitável nas prateleiras em livrarias sobre ocultismo em todo o mundo. Alguns desses materiais são excelentes, oferecendo ao aluno aplicado a oportunidade de vivenciar algo único – um sistema mágico que realmente funciona. Infelizmente, muitos outros trabalhos são de menor valor e, na minha opinião, prestam um desserviço a quem os procura. Especialmente perturbadoras são as tentativas presunçosas de alguns autores de "guiarem" a visão dos leitores, anunciando que, se as operações não atenderem àquilo que o autor sugere ser esperado, elas são um fracasso. Recentemente, tentou-se padronizar a metodologia dos procedimentos operacionais e criar uma forma de Ortodoxia Enochiana Moderna, o que é um absurdo.

Ironicamente, a única obra à qual poucos alunos tiveram acesso é a única que eles achariam mais interessante e útil. É o primeiro livro enochiano que todos deveriam ler, mas, até agora, era quase impossível de encontrar.

Temos uma grande dívida de gratidão para com Herman Slater[29] por disponibilizar esse tesouro ao público. A qualidade duradoura dessa edição de *A True and Faithful Relation* ... garantirá que essa obra notável sobreviverá por séculos.

28. Esta passagem foi escrita em 1990.
29. 1936-1992.

OPUS MAGO-CABALISTICUM ET THEOSOPHICUM

No Qual a Origem, Natureza, Características e Uso do Sal, do Enxofre e do Mercúrio São Descritos em Três Partes com Muita Matemática Maravilhosa...

PREFÁCIO PARA A EDIÇÃO DE 2006[30]

Já estudei Filosofia

Direito, Medicina,

E até mesmo Teologia, que pena!

Tudo, tudo estudei com o mais ardoroso empenho!

Eis-me aqui agora, pobre tolo,

Tão sábio quanto dantes.[31]

---

30. Escrito para Georg von Welling, *Opus Mago-Cabalisticul et Theosophicum.* Newburyport, Massachusetts: Wiser Books, 2006.
31. Johann Wolfgang Goethe, *Faust*, traduzido por George Madison Priest, New York: Alfred A. Knopf, 1941.

No Ato I de Fausto, de Goethe, o melancólico herói medita sozinho em seu quarto, refletindo sobre a futilidade do conhecimento e da educação mundanos. Ele abre um livro de magia e observa, em uma admiração quase sensual, as linhas e os símbolos em um diagrama do Macrocosmo. Em ondas de êxtase, ele dá voz à paixão que desde a aurora da consciência consumiu o aluno dos mistérios.

Que enlevo, ah! Corre de uma vez
Por todos os meus sentidos diante disso!
Sinto uma vida viçosa, sua felicidade sagrada,
Correr por nervos e veias, brilhando.
Foi um deus que escreveu esses sinais que silenciam
Meu tumulto interno e que preenchem
Meu coração miserável com êxtase?
Desvelando com misteriosa potência
Os poderes da Natureza ao meu redor?

Sou um deus? Tudo fica tão claro para mim!
Nesses contornos puros vejo
A personalidade da Natureza Criativa antes de minha alma aparecer.
Agora entendi pela primeira vez o que ele, o sábio, disse:
"O mundo dos espíritos não está vedado;
Teu sentido está trancado, teu coração está morto!
Levanta-te, Aluno! Banha sem desânimo
Teu peito mundano no arrebol!"[32]

Muito provavelmente, o arquétipo para o livro que incendiou a imaginação de Goethe e, na peça, iniciou a carreira memorável de Fausto como mago, foi um livro real – um livro de conhecimento proibido que evocava todos os clichês místicos da imaginação dramática; uma obra imponente e muito iluminada de alquimia, astrologia, teologia, magia

32. *Ibid.*

e cabala que, em 1719,[33] caiu como uma cultura viva no meio fértil do sincrético pensamento ocidental; um livro que, no restante do século XVIII, revolucionaria os movimentos rosacruciano, maçônico e hermético por toda a Europa; um livro com o qual Goethe e as estrelas mais brilhantes no firmamento do esoterismo europeu estavam intimamente familiarizados – o *Opus Mago-cabalisticum et Theosophicum*, de Georg von Welling.[34]

Para o aluno moderno das tradições de mistério ocidentais, especialmente aquelas cujos estudos e práticas originam-se em ensinamentos e cerimônias propagados pela Ordem Hermética da Aurora Dourada, seria difícil superestimar a importância da obra de Von Welling. Ela serviu como o principal texto instrutivo dos Gold - *und Resonkreuzer* (Rosacrucianos Dourados), uma Ordem hermética muito prestigiosa, fundada em 1777, cujas formas, doutrinas e ensinamentos infectariam e energizariam os mundos do Cristianismo místico e da Maçonaria esotérica. De fato, a palestra do Primeiro Grau da Gold - *und Rosenkreuzer* foi retirada, quase palavra por palavra, da quarta seção do primeiro volume do Opus, de Von Welling.

Cem anos depois, a estrutura iniciática do Nono Grau dos rosacrucianos dourados forneceria aos pais fundadores da *Societas Rosicruciana in Anglia* (Sociedade Rosa-cruz na Inglaterra) o arquétipo para sua organização. A criação da SRIA, a Ordem Hermética da Aurora Dourada, por sua vez, daria origem aos movimentos mágicos, herméticos e de Nova Era dos séculos XX e XXI.

Na verdade, não me parece tão forçado sugerir que essa polinização dos Rosacrucianos Dourados Alemães e da SRIA Britânica pode muito bem ter fornecido a base histórica para a lenda fantástica (e provavelmente sem embasamento histórico) que sugere que a autoridade da Aurora Dourada derivou de um certo adepto alemão cujos "colegas", após sua morte, retiraram seu apoio direto da Ordem. Mas é melhor deixarmos esse assunto aos historiadores desse período exuberante.

---

33. Von Welling escreveu o prefácio do autor em uma edição completa, em 4 de janeiro de 1721.
34. Von Welling também escreveu sob o pseudônimo Gregorius Anglus Sallwigt.

É justo os leitores dessa nova edição perguntarem: "Se *Opus Mago--cabalisticum et Theosophicum* é um documento histórico importante, por que nunca ouvimos falar dele?" A resposta é quase inacreditavelmente simples. Por mais importante que seja a obra, até agora ela nunca tinha sido traduzida para o inglês. Por quase 300 anos, seus mistérios e tesouros foram reservados exclusivamente para aqueles com um domínio eloquente e profundo da língua alemã.

Embora haja uma dose de verdade na afirmação de que uma tradução de qualquer trecho de material escrito é inferior ao original, os deuses sorriram com particular carinho para esse projeto, unindo como em uma Alquimia (como *Sal, Enxofre e Mercúrio*) os elementos da visão e do suporte na pessoa de Patricia Baker; o brilho do tradutor, Joseph McVeigh, professor de estudos alemães na Smith College, e a astúcia refinada da Weiser Books, sem dúvidas a mais venerável editora em língua inglesa de material esotérico no mundo. O resultado é uma contribuição histórica e inestimável ao universo da literatura esotérica.

Dito isso, ficará aparente, quase de imediato, até para o leitor mais instruído e sofisticado, que a obra de Von Welling não é fácil de ler. De fato, muito dela, especialmente aqueles trechos a respeito de Sal, Enxofre e Mercúrio, parece consistir principalmente em divagações prolixas e redundantes, repletas de observações supersticiosas e comicamente imprecisas da natureza e as conclusões *científicas* mais *não* científicas. Confesso que, antes de terminar de ler os primeiros capítulos do volume I, eu estava com sérias dúvidas quanto à relevância desse livro e parei para me perguntar o quanto mais eu queria aprender sobre sal!

No fim, enquanto me aproximava a duras penas do início do capítulo IV do primeiro volume, eu me vi desacelerando e sincronizando mais confortavelmente com o passo sem pressa, quase hipnótico, da escrita de Von Welling. Sua sagacidade avuncular começou a aparecer enquanto eu pausava para saborear, como ele dizia, as coisas. Enquanto minha pressão sanguínea abaixava e minha paciência aumentava, eu me vi me rendendo às imagens e aos personagens de um universo alternativo arcaico e divinamente ingênuo – a realidade de conto de fadas irracional do alquimista.

Então, e só então, eu estava no espaço onde o próprio Von Welling poderia falar diretamente com minhas frustrações antigas:

"No entanto, devemos pedir para o leitor compreender que não apresentamos este material antes dos três capítulos anteriores, como poderia ter sido apropriado, pois isso não foi possível, de acordo com a abordagem mágico-cabalista à escrita. O leitor certamente está ciente do modo no qual o Espírito Santo "escreve", e no qual ele orientou Moisés por seu poder mais sagrado, enquanto ele descrevia o início da criação (que se encerrou na criação do homem). Porém, existe também o estilo mágico-cabalista, que costuma começar com as características ou designações das coisas. Nós não poderíamos proceder de outra forma, além daquela como procedemos, por isso tivemos de seguir esse estilo, porque as coisas concentradas no homem representam as características das suas próprias essências, assim como a criatura humana representa o caráter composto de todas elas juntas".[35]

Não posso, nem vou, esperar que outra pessoa esprema a seiva da iluminação comparável do mesmo nabo de texto. O que deveria ser universalmente óbvio, entretanto, é a mensagem que Von Welling parece enviar a quem tiver ouvidos para ouvir – a mensagem de que esse livro é escrito de um modo tão peculiar que apenas aqueles que já passaram por uma certa modificação em suas consciências serão capazes de apreciar. Lembre-se das palavras de Fausto:

O mundo dos espíritos não está vedado;
Teu sentido está trancado, teu coração está morto!

Ao criar com todo o cuidado seu material introdutório, Von Welling administra uma dose quase psicodélica de palavras e imagens que abre nossos *sentidos* e ressuscita nossos *corações* – reajusta e redefine nosso vocabulário interno para que todos nós, digamos, estejamos na mesma página quanto às *características ou designações de coisas* que ele discute.

35. MS, p. 136.

Gostaria de poder dizer que essa modificação de consciência basta para, de imediato, tornar o *Opus* fácil de compreender, mas infelizmente não posso. Ainda há outra camada de mortalha que cobre o corpo do texto que deve ser desvelada pelo diligente aluno. Deve-se lembrar que, na época em que o livro foi escrito e publicado, seu assunto tocava em temas e teorias que, se mencionadas em linguagem simples, certamente atrairiam a condenação e a perseguição da Igreja e das instituições acadêmicas estabelecidas. As consequências de tanta atenção negativa, até mesmo na primeira metade do século XVIII, poderiam ser terrivelmente desagradáveis.

Com tantos tabus impostos sobre o material publicado e a discussão pública, é impossível escapar do fato óbvio de que Von Welling empregou a linguagem complexa (e para a maior parte do mundo, incompreensível) da alquimia, da astrologia, da magia e até da Santa Escritura para, simultaneamente, ocultar suas ideias dos profanos, enquanto as revelava aos iniciados. Estas, na minha opinião, incluem os segredos místicos do corpo humano e (o que é até mais perigoso) os poderes e as potencialidades da sexualidade humana. Afinal, que poderes os seres humanos possuem que são mais divinos do que aqueles em torno da concepção e do nascimento de outro ser humano – a criação de um receptáculo perfeito para uma alma encarnada? Esse é, com certeza, um assunto que qualquer alquimista que se preze acharia altamente apropriado para pesquisa e experimentação.

Embora eu certamente não questione a sinceridade da devoção de Von Welling à fé cristã, em muitos exemplos parece que ele invoca a Divindade e cita a escritura não tanto como uma demonstração de devoção, mas por causa dos caçadores heréticos que certamente examinariam essa obra. É uma técnica venerável e eficaz do cabalista camuflar discursos esotéricos como elucidações eruditas sobre os versos bíblicos. Enquanto as "Santas Escrituras" fossem usadas como um trampolim para discussão, Von Welling permanecia relativamente livre para voar até alturas magníficas (talvez até heréticas).

Navegar por essa *abordagem mago-cabalista da escrita* é um grande desafio ao leitor moderno dos textos alquímicos, mágicos e cabalísticos antigos. Depara-se, página após página, com o fato de ter de ouvir o que é dito no que *não* é dito, e ter de ignorar o que deveria ser ignorado no que é dito. Todavia, é claro que Von Welling poderia ser audaciosamente sincero. No capítulo VIII do segundo volume, ele não reluta em atacar seus contemporâneos nos termos mais indisfarçados:

> "Podemos apenas questionar como tantos homens ilustres poderiam estar tão errados em suas interpretações do Apocalipse. Por outro lado, seus caminhos errôneos não surpreendem quando se considera sua intransigência, preconceito e arrogância, o que os impede de considerar o texto corretamente".[36]

Ele parece ser uma figura.

Confesso que muito do que aprendi sobre Von Welling saiu das páginas do *Opus Mago-Cabalisticum et Theosophicum*. Ele nasceu em 1655, na Alemanha central, perto da cidade de Kassel e, até dois anos antes de sua morte, em 1727, levava uma vida confortável como Secretário de Obras e Mineração para o estado de Baden-Durlach, no sudoeste da Alemanha. Fica claro que ele não considerou seu cargo apenas como um emprego. Ele tinha uma paixão pela mineração e pela geologia, e seu conhecimento nesses campos aparece em sua escrita (às vezes, em um grau irritante). Ele aparentemente também não escondeu seu interesse na alquimia. A literatura de viagem da área de Baden ainda indica para os turistas, com orgulho, edifícios que outrora abrigaram seus laboratórios alquímicos.

Von Welling não era um esnobe acadêmico. Como a tradução do professor McVeigh habilmente demonstra, ele era bem franco, às vezes até bucólico. Em nenhum lugar sua franqueza irascível, digna de um Mark Twain, ficou mais evidente que no início do capítulo cinco do terceiro volume: "Sobre Religião de Acordo com o Significado Claro e Distinto da Sagrada Escritura e a Verdadeira Cabala Mágica, Baseado na Mesma". Suas palavras de condenação a todos aqueles que, em nome da ortodoxia, impedem a liberdade de pensamento e a exploração soam tão verdadeiras hoje quanto em 1719. Não creio ter melhor maneira de encerrar este Prefácio.

36. MS, página 394.

"Em nome de Deus, passamos agora a um tópico que certamente nos renderá a censura de eruditos ortodoxos. Muitos desses cavalheiros acreditam que somente eles têm o direito e a habilidade de ensinar e escrever sobre as questões teológicas, e que os padres não podem errar nos assuntos da Lei. Por isso, eles atacarão qualquer um que não for um membro da sua guilda no momento que ele ousar falar sobre tais tópicos. Eles criticarão, culparão, julgarão e condenarão do modo mais desagradável qualquer coisa que eles possam dizer que não corresponda às suas ideias. E se eles não conseguirem encontrar nada em sua declaração para criticar ou condenar, eles são malvados o bastante para simplesmente rejeitar a obra do autor porque ele não é um membro de sua ordem e não foi educado em sua disciplina nas melhores escolas como ele, o que eles sentem que lhes dá o privilégio de falar e escrever sobre teologia. No entanto, nem Cristo, o Senhor, nem seus discípulos, vieram de sua ordem de padres e teólogos, nem Cristo e Seus verdadeiros professores e discípulos frequentaram as melhores escolas de teologia. Em vez disso, os discípulos estudaram na escola de Cristo e Seu Espírito Santo. Portanto, nenhum teólogo honrado e esclarecido aprovaria as ilusões insanas e completamente idólatras dos criadores de hereges ortodoxos. E, portanto, nós não esperaremos um julgamento sensato deles, baseado nas leis de Cristo. Sua ridicularização e condenação não nos afetarão. Desse modo, passemos para nosso principal propósito aqui".[37]

37. MS, página 583.

A NUVEM SOBRE O SANTUÁRIO

Introdução à Edição de 2012[38]

"Creio que 'A Nuvem sobre o Santuário' sempre permaneceu na memória de poucos, e ainda está destinada a sobreviver, pois carrega consigo uma mensagem de importância muito profunda a todos aqueles que procuram embaixo do corpo da doutrina religiosa por aquele princípio da vida que energiza todo o organismo."

— *Arthur E. Waite*

Até aqueles com mais jeito de Poliana de ser dentre nós não negarão que existem muitos aborrecimentos no mundo ao nosso redor: guerras e doenças, ódio e discórdia. Não parece haver limite para os crimes e as atrocidades dos quais nossa espécie é capaz e disposta a infligir aos outros. É fácil para nós depreciarmos como "maligno" o caráter fundamental da natureza humana e, enfim, nos resignarmos às vidas de um desespero silencioso, sobrevivendo dia após dia por meio do nosso sucesso momentâneo em escolher os menores males.

---

38. Escrito para Karl von Eckartshausen, traduzido por Isabel de Steiger, *The Cloud Upon the Sanctuary,* edição da Weiser Books Collection, Newburyport, Massachusetts: Weiser Books, 2012.

É fácil ficarmos mais cínicos e desencorajados ao ponderarmos sobre a situação no planeta Terra. Os jornais noturnos servem na hora do jantar um banquete de conflitos militares, fome, agitação civil e ruína econômica. É um frio conforto observar que nunca houve uma temporada em toda a história registrada que tenha ficado livre de tanto sofrimento, injustiça e vergonhosas amostras da "desumanidade do homem para com o homem". Pode-se argumentar de forma bem convincente que a civilização, na verdade, todo empreendimento humano, sempre foi, sempre será, movida pelos motivos cruéis e desprezíveis da ganância e da avareza do coração humano.

Também não é um salto tão grande na lógica supor que todos esses aborrecimentos (aos quais não podemos resistir ou que não conseguimos controlar) é o resultado de um plano de mestre tramado por vilões cuja abrangência do mal absoluto atingiu dimensões espirituais pervertidas.

Para onde olhamos – na Internet, nos jornais, na televisão e no rádio –, teorias e teóricos da conspiração nos atacam com tramas e intrigas criadas por governos e indústrias (e as sociedades secretas que regem os governos e as indústrias), que supostamente usam informação como desinformação para nos confundir e desconcertar, tornando-nos peões em algum plano monstruoso para dominação do mundo, alimentos de alienígenas ou algo transcendentalmente perverso.

Ironicamente, muitas dessas teorias e desses teóricos da conspiração parecem ter sido vítimas de sua própria desconfiança do óbvio, e com o dedo levantado da paranoia acusatória selecionaram as organizações e os movimentos mais vocalmente opostos aos males que eles temem e menosprezam. Tamanho é o perigo de tentar esclarecer os desinformados.

Por isso, as sociedades e os movimentos dos maçons, dos rosa-cruzes e dos Illuminati, que foram fundados sobre os ideais mais admiráveis de liberdade de pensamento, e a "Fraternidade do Homem" são agora os "agentes de Satã", ou a Igreja monolítica, ou os banqueiros mundiais, ou os judeus, ou alienígenas reptilianos.

Ao mesmo tempo, a menos que tenhamos nos permitido ficar completamente devastados pelas condições depressivas provocadas pelos males do mundo, somos forçados a reconhecer o que parece ser a evidência de uma consciência em desenvolvimento – principalmente os avanços empolgantes no pensamento humano, nas artes e nas ciências –, saltos quânticos na consciência que, em poucas décadas, elevaram a conversa de discussões a respeito de quantos dias levaram para Deus criar céu e terra a se uma partícula viajando mais rápido do que a velocidade da luz retrocede no tempo ou não.

Os movimentos Teosófico e mágico, do fim do século XIX, apegaram-se com otimismo à ideia de que um plano de mestre como esse existe de fato – que ele é "bom" –, que é facilitado pelos seres iluminados, que têm motivos transcendentalmente "bons", e que a humanidade avança e evolui espiritualmente, pelo menos em parte por causa de seus esforços secretos em nosso nome. Tal é a premissa (e a promessa) de *The Cloud Upon the Sanctuary*.

O ocultista e escritor inimitável, Arthur Edward Waite (que sugeriu o texto a um jovem e impressionável Aleister Crowley), nos oferece uma introdução bem completa e erudita a esta edição da obra clássica. E é com todo o prazer que o apresento agora a você.

LUZ NO CAMINHO

Introdução à Edição de 2012[39]

Os anos entre 1875 e 1904 representam um momento divisor de águas na história dos movimentos espirituais – foi o momento em que as sublimes ciências místicas do Oriente se aproximaram com cautela para tocar a consciência desperta do Ocidente materialista e, por um momento, parecia como se o encontro anunciasse o início de uma bela amizade. O ano de 1875 viu os nascimentos da *Sociedade Teosófica* e de Aleister Crowley, mas também foi o sinal de largada de uma migração de ideias "orientais" e uma seleção de "gurus" às costas da Inglaterra e da América. Em 1893, um *Parlamento Mundial das Religiões* aconteceu como parte da *Exposição Colombiana Mundial*, em Chicago. O evento de duas semanas foi o primeiro grande conclave inter-religioso de líderes espirituais das tradições oriental e ocidental. Mary Baker Eddy, da Ciência Cristã, estava presente, bem como Swami Vivekananda. Pode-se dizer que os movimentos ecumênicos de mente-corpo-espírito da nova era e do novo pensamento dos séculos XX e XXI nasceram em Chicago nesses dias quentes de setembro de 1893.

Deve ter sido uma época bem empolgante – uma temporada que tinha a promessa de um mundo unido pelo elo comum daqueles princípios universais e simples de um modo sublime no coração de todas as religiões e movimentos espirituais. Tragicamente, a insanidade da Primeira Guerra

39. Escrito para M.C. (Mabel Collins), *Light on the Path*, edição da Weiser Books Collection, Newburyport, Massachusetts: Weiser Books, 2012.

Mundial estrangularia completamente o discípulo desse otimismo esclarecido, e as décadas que se seguiram nublaram de forma mais pesada a visão de todos, menos os esotéricos mais teimosos.

O ano de 1888 viu o nascimento da Ordem Hermética da Aurora Dourada, na Inglaterra e, nos anos seguintes, vários documentos começaram a circular nos círculos mágicos e teosóficos. Para todas as aparências, essas obras estavam preparadas, *esperando nos bastidores*, por assim dizer, para o momento exato de serem publicadas. Em 1897, a tradução de Mathers do livro *A Magia Sagrada de Abramelin*, O Mago, foi um desses textos que causou um rebuliço entre os magos falantes de inglês. Mais do que qualquer outra obra única, elevou a prática mágica da Idade Média ao nível das disciplinas autotransformadoras do Oriente. Mas, para os menos extravagantes, o livreto *Luz no Caminho*, escrito por M.C., materializou-se na cena e foi instantaneamente aclamado como um texto sagrado moderno *por excelência.*

M.C. era a famosa teósofa e prolífica autora Mabel Collins (1851-1927), mas ela não recebe crédito direto por sua autoria. De fato, embora as especulações ainda sejam abundantes, ainda não ficou totalmente claro quem poderia ter "ditado" o texto ou quais foram realmente as circunstâncias da sua criação. O trabalho deve ser independente. É de uma eloquência impressionante, similar à elegância profunda e sutil do *Tao Te Ching.*

Para compreender o nível de respeito que os eruditos contemporâneos têm por esse pequeno volume, não posso fazer melhor do que me referir à *Introdução* escrita pelo Iogue Ramacharaka (William Walker Atkinson), que apareceria depois na edição da Yogi Publications. A sabedoria de *Luz no Caminho* é atemporal e tão fresca e relevante hoje quanto foi na virada do século XX. Tanto para o neófito quanto para o adepto, ofereço minha sincera esperança de que este pequeno tesouro sirva como um farol de Luz no seu Caminho.

> "O tratado abaixo, *Luz no Caminho*, é um clássico entre ocultistas, e é o melhor guia conhecido por aqueles que deram o primeiro passo no Caminho do Conhecimento. Sua autora ocultou o sentido das regras da forma sempre costumeira aos místicos,

de modo que, para aquele que não compreende a Verdade, essas páginas provavelmente parecerão uma massa de contradições e praticamente privadas de sentido. Mas, para aquele que recebeu um vislumbre da vida interior, essas páginas serão um tesouro das joias mais raras, e cada vez que ele o abrir, verá novas gemas.

Para muitos, este livreto será a primeira revelação daquilo que passam todas as suas vidas buscando. Para muitos, será a primeira migalha de pão espiritual recebida para satisfazer a fome da alma. Para muitos, será a primeira taça de água da fonte da vida recebida para saciar a sede que os consumia. Aqueles a quem este livro é destinado reconhecerão sua mensagem e, após lê-lo, eles nunca mais serão os mesmos de antes da leitura. Como disse o poeta: 'Por onde passo todos os meus filhos me conhecem', assim como as Crianças da Luz reconhecerão este livro como feito para elas. Quanto aos outros, podemos apenas dizer que, com o tempo, eles estarão prontos para essa grande mensagem.

O livro pretende simbolizar os passos sucessivos do neófito no ocultismo à medida que ele progride no trabalho na Loja. As regras são praticamente aquelas que foram apresentadas aos neófitos na grande Loja da Irmandade no Antigo Egito, as quais por gerações foram ensinadas por gurus aos chelas, ou discípulos, na Índia. A peculiaridade das regras aqui apresentadas é que seu sentido interno se revela conforme o aluno progride no Caminho. Alguns conseguirão entender várias dessas regras, enquanto outros verão, mas com uma luz fraca, até os primeiros passos. O aluno, entretanto, descobrirá que, quando ele tiver firmemente plantado seu pé em um desses passos, ele verá logo acima iluminado por uma luz fraca para lhe dar confiança de dar o próximo passo.

Que ninguém se sinta desencorajado; o fato de esse livro atrair você é uma mensagem de que ele é destinado a você e, com o tempo, você desvenda seu significado. Leia-o repetidas vezes, e você verá véu após véu serem levantados, embora ainda permaneça véu atrás de véu entre você e o Absoluto. Você perceberá que as palavras do livro permanecerão na sua cabeça e se tornarão parte de si. Aprenderá a amar este livro, e vai querer que fique sempre com você. Ele será como música para sua alma. Para aqueles que não conhecem este livro, nós diríamos que não é nosso trabalho, mas foi escrito por 'M.C.', uma aluna de ocultismo, presumivelmente ditado por alguém de alta autoridade. Suas palavras e ensinamentos demonstram a nobreza e a grandeza da alma que ansiou por ele. Para nós, funciona como uma estrela-guia. Que ele seja o mesmo para você. Que a paz esteja convosco".

Iogue Ramacharaka

MAGIA MODERNA

Doze Lições nas Artes Mágicas Elevadas

PREFÁCIO PARA A EDIÇÃO DE 2010[40]

"Magia não é algo que você faz, é algo que você é."

— DONALD MICHAEL KRAIG

Eu tive o privilégio, nos 60 (muito) estranhos anos desta encarnação, de contar com alguns dos personagens mais talentosos, interessantes e influentes da comunidade oculta moderna entre meus amigos e colegas. Alguns, como Israel Regardie, Robert Anton Wilson, Phyllis Seckler, Grady McMurtry, Helen Parsons Smith, Christopher S. Hyatt e David Wilson (também conhecido como S. Jason Black), *livraram-se do fardo desta existência*; muitos outros, alegro-me em dizer, ainda estão aqui e continuam a nos abençoar com seu trabalho, sabedoria e experiência. Ocupando uma cadeira proeminente e respeitada entre esse círculo augusto de Adeptos está meu caro amigo, Donald Michael Kraig.[41]

---

40. Escrito para Donald Michael Kraig, *Modern Magick: Twelve Lessons in the High Magickal Arts*, St. Paul, Minnesota: Llewellyn Publications; edição revisada e ampliada, 2010.
41. Isto foi escrito em 2010. Infelizmente, Donald morreu em 2014.

Sem dúvida, vou constrangê-lo com meus comentários. Caso isso aconteça, devo ser firme e lembrá-lo de que foi *ele* quem *me* convidou a escrever o Prefácio para sua nova edição de seu tomo clássico, *Modern Magick*, e que ele terá de engolir (como o bom menino que é) o remédio não diluído do meu elogio e admiração.

A capacidade de um mago não deve ser medida levando-se em conta o número de livros que ele ou ela escreveu, a quantia acumulada, ou o tamanho da fila de discípulos bajuladores atrás de si (embora Donald continue a ganhar uma coleção respeitável de todas essas coisas). Na análise final, a única credencial significativa que um mago pode apresentar ao mundo é o *mago*. Ele (ou ela) evoluiu com a ação da magia? É um indivíduo mais sábio, equilibrado, disciplinado, esclarecido, engajado e autoconsciente? O indivíduo tornou-se um amigo melhor, um professor melhor, um cidadão melhor e um ser humano melhor em razão de seu envolvimento na mais pessoal das formas de arte espirituais? E, o que é mais importante, o mago consegue rir do *mago*?

O mundo da literatura mágica é abençoado com uma fartura de estudiosos e historiadores. A magia é, afinal, um assunto extremamente exuberante e fascinante. Infelizmente, o campo também é amaldiçoado com indivíduos que parecem explorar suas memórias fotográficas e conhecimento enciclopédico do esoterismo não como uma ferramenta de autocontrole e autodescoberta, mas como um veículo no qual fogem de si mesmos e de uma vida de autoexame honesto – indivíduos que fazem da arte da magia suas *vidas*, em vez de aplicar a arte para tornar suas vidas *mágicas*.

Se eu fosse dar ao mago novato um conselho no início de sua carreira, seria: "Estude e pratique magia, mas por favor! Viva!" Quando comprar por instrução, evite como a praga o projeto de mago pomposo, pretensioso, paranoide, com pouco ou nenhum senso de humor – fique longe do "mestre" que não tem interesses ou vocabulário fora dos confins de seu universo mágico autorreferencial. Mais especificamente, afaste-se daqueles que passam uma quantidade excessiva de tempo e tinta atacando o caráter e o trabalho de magos, autores, professores rivais e/ou qualquer um que ousaria ensinar e escrever sobre os mesmos assuntos.

Donald Michael Kraig é a antítese de tais criaturas. Isso fica evidente em todos os lugares em sua escrita. Ele é profundamente seguro no conhecimento de quem e o que ele é. Transmite com generosidade o conhecimento e a sabedoria que adquiriu de anos de estudo e prática. E, o mais importante: ele se doa generosamente. Em última análise, isso é tudo o que o mago tem para dar.

PARTE 3

QABALAH E TARÔ

Qabalah (ou Kabbala, Kabalah ou Cabala) é um assunto enorme com raízes antigas e uma ampla variedade de aplicações religiosas tradicionais, ortodoxas, não religiosas, herméticas, meditativas e mágicas. Os magos do século XIX não poderiam ignorar a óbvia estrutura cabalística do Tarô e a facilidade com a qual as imagens arquetípicas nas cartas exprimiam os sentidos esotéricos das letras do alfabeto hebraico e outros princípios cabalísticos clássicos – para o mago moderno, o Tarô e a Qabalah estão inextricavelmente ligados.

Q.B.L.

Um Tratado Cabalístico sobre a Natureza e o Uso da Árvore da Vida

---

PREFÁCIO PARA A EDIÇÃO DE 2005[42]

"Eu, ____________, membro do Corpo de Deus, por meio deste, comprometo-me, em nome de Todo o Universo, assim como estou agora fisicamente atado à cruz do sofrimento, que levarei uma vida espiritual, como um servo devoto da Ordem; que amarei todas as coisas, experimentarei todas as coisas e suportarei todas as coisas; que continuarei no Conhecimento e na Conversa com meu Santo Anjo Guardião; que trabalharei sem apego; que trabalharei na verdade; que, no final das contas, confiarei em mim mesmo; que perceberei minha Verdadeira Vontade; que interpretarei cada fenômeno como um acordo particular de Deus com minha Alma.

E, se eu falhar nisso, que minha pirâmide seja profanada, e o Olho fechado para mim".

COMO ESCREVI NO PREFÁCIO PARA *POLARIA*.
THE GIFT OF THE WHITE STONE, DE W.H. MÜLLER[43]

---

42. Escrito para Frater Achad, *Q.B.L.: Being a Qabalistic Treatise on the Nature and Use of The Tree of Life*, Newburyport, Massachusetts: Weiser Books, 2005.
43. Retirado de *The Starry Wisdom,* de Lon Milo DuQuette, Prefácio de *Polaria,* de W.H. Müller, Albuquerque: Brotherhood of Life Publishing, 1996, p. 7.

"A declaração anterior é conhecida como o 'Juramento do Abismo'. Quem o pronuncia com uma plena intenção mágica invoca uma terrível maldição sobre si, pois ou está desesperadamente iludido e cometendo um ato de presunção espiritual suprema, ou equilibrou e aperfeiçoou todos os aspectos do que a maioria de nós considera o "eu" e agora está preparado para dar o último passo irrevogável para se tornar mais do que um ser humano. Em ambos os casos, o mundo inferirá que ele enlouqueceu."

No solstício de verão de 1916, Charles Robert John Stansfeld Jones (Frater Achad),[44] um contador de Vancouver, e Neófito da A.·. A.·. (1º = 10□),[45] fez o Juramento do Abismo formalmente, apresentando-se assim (de acordo com as tradições dessa fraternidade augusta) ao título iniciático de Mestre do Templo (8º = 3).

Jones relatou esse evento respeitosamente em um telegrama a Aleister Crowley, seu superior na Ordem, que nove meses antes, em setembro, trabalhou em vão (ele achou) para gerar um filho com sua "Mulher Escarlate", Jeanne Robert Foster.[46] Crowley ficou maravilhado pelas circunstâncias da iniciação de Jones e a coincidência do momento do evento. Ele escreveu em suas *Confissões...*

"Cada causa deve produzir seu efeito adequado; para que, nesse caso, o filho que eu queria gerar viesse à luz em um plano diferente do material... O que realmente fiz, portanto, foi gerar um Filho Mágico. Então, precisamente nove meses depois, isto é, no solstício de verão de 1916, Frater O.I.V. (o Nome Mágico de C. Stansfeld Jones como Novato) tornou-se, totalmente sem meu conhecimento, um Bebê do Abismo".[47]

44. (1886-1950). "Achad" é a palavra hebraica para "Um" e "Unidade".

45. A estrutura iniciática de Grau do A.·. A.·. representa progressivamente estados mais elevados de consciência e é simbolizado como uma subida pelas dez Sephirot (emanações) do diagrama cabalista, conhecido como a Árvore da Vida. A mais baixa (1º = 10□) é o inferior (Neófito). O 1º indica que é o primeiro grau do sistema, e o 10□ indica que o grau representa o nível de consciência personificado na 10ª Sephira, Malkuth.

46. Jeanne Robert Foster (nome de solteira Olivier, 1884-1970). Seu nome mágico era Soror Hilarion.

47. *The Confessions of Aleister Crowley,* London, 1929. Edição resumida em um volume, editada por John Symonds e Kenneth Grant, London: 1969. Reimpressão London & New York: Arkana, 1989, p. 801.

O sucesso notável de Jones também representou na mente de Crowley uma impressionante validação do sistema de conquista mágica A.·. A.·. O "pai" orgulhoso transbordou de alegria ...

> "Eu só poderia concluir que seu sucesso se deveu quase totalmente à excelência do sistema que transmiti ao mundo. Em suma, foi a razão de toda a minha vida, a única e suprema recompensa das minhas labutas imensuráveis".[48]

A confiança de Crowley em Achad aumentou mais por uma série de descobertas que Jones logo faria – chaves cabalísticas vitais que destravavam os mistérios fundamentais do *O Livro da Lei*[49] e o Éon de Hórus. Alguns deles estão descritos em um pequeno livro, *o Liber* 31,[50] que Jones enviou para Crowley, em 1919. Crowley não poderia estar mais feliz com as revelações: "Sua chave abre o Palácio".[51]

Parecia que, em Achad, Crowley tinha realmente encontrado "aquele" previsto no *O Livro da Lei*: "*...aquele que te seguirá*";[52] aquele "... *que descobrirá a Chave de tudo*",[53] – o filho mágico e seu brilhante herdeiro aparente à Grande Besta e ao Profeta do Éon de Hórus.

Talvez ele tenha encontrado. Mas a relação entre pai-filho que esses dois grandes Adeptos compartilhavam não perduraria. Em algum momento, ela chegou a um limite, e, por incrível que pareça, nós sabemos o dia exato que esse lindo relacionamento começou a azedar. Temos um registro por escrito do momento preciso – o momento em que Frater Achad teve um salto quântico na consciência ou despencou do auge do partidarismo supremo no abismo da loucura oculta.[54]

---

48. *Ibid.,* p. 807.
49. Recebido por Aleister Crowley em 1904 E. V., *Liber AL vel Legis, The Book of the Law,* é o principal Livro Sagrado da Thelema. É encontrado em vários textos, incluindo *Liber ABA, Book Four.* 2ª ed., Editado por Hymeaneus Beta, York Beach, Maine: Weiser Books, Inc., 1997, p. 303-386.
50. Charles Stansfeld Jones, *Liber 31.* Editado e anotado por T. Allen Greenfield, Marietta, Georgia: Luxor Press, 1998.
51. *Ibid.,* p. 2.
52. *Liber AL. Vel Legis, The Book of the Law,* c. 1, vs. 76.
53. *Ibid.,* c. III, vs. 47.
54. Não devemos descartar a possibilidade de que, a partir do ponto de vista abaixo do abismo, essas duas ideias podem ser essencialmente a mesma coisa.

Aconteceu em 31 de maio de 1922, enquanto Jones escrevia o quarto capítulo de Q.B.L. *or The Bride's Reception* – um momento que literalmente viraria o universo cabalista de cabeça para baixo.

> "Escrevi até agora (31 de maio de 1922 E.V.), quando fui recompensado com a abertura dos SEGREDOS tão maravilhosos que mudaram toda a minha concepção do Plano da Qabalah, e de fato provei que não só um RAIO destruiria A CASA DE DEUS, mas uma SERPENTE da SABEDORIA a reconstruiria, e outra vez uma ESTRELA, o que explica todo o SIMBOLISMO. Lidaremos com esse assunto de tanta IMPORTÂNCIA TRANSCENDENTE na forma de Apêndices a este Volume que serão obtidos sob certas condições especiais. Enquanto isso, o principal plano deste livro será seguido como originalmente pretendido, pois é necessário que o Aluno tenha uma compreensão clara e abrangente do antigo sistema antes que possa apreciar o Novo".[55]

Felizmente para nós, Jones de fato seguiu o plano original do texto até o fim e guardou as elucidações sobre suas teorias revolucionárias para os Apêndices dos livros. Esse gesto cuidadoso, na minha opinião, torna o principal texto de Q.B.L. a introdução mais clara, compreensível e prática ao estudo da Qabalah escrita até hoje. Ele também prepara o leitor mais instruído para as ideias provocadoras apresentadas nos Apêndices – conceitos que sugerem que a alocação tradicional das letras do alfabeto hebraico nos 22 Caminhos da Árvore da Vida deveriam estar, em essência, nas posições opostas.

Tal sugestão não é necessariamente uma heresia, especialmente quando postulada do ponto de vista de um Mestre do Templo (8º = 3□), um Adepto cuja consciência permanece acima do Abismo que separa a Tríade Suprema da Árvore da Vida (Kether-Chokmah-Binah) – um Abismo abaixo do qual *a divisão é o resultado da contradição, e acima do qual a contradição é unidade.*

---

55. Veja a página 47 desse texto.

Crowley, no entanto, não se impressionou com o que ele considerou a compreensão falha e imatura de Achad de sua “Regra dos Contrários”. Ele escreveu depois:[56]

> “Mas esta regra deve ser aplicada com habilidade e discrição, para evitar erros. É de se lamentar que o ilustre Zelator do A∴ A., um tal de Frater Achad, tendo aprendido (com bastante paciência) com o Profeta a usar esta fórmula, foi seduzido por sua vaidade a supor que ele a tenha descoberto sozinho, e passou a aplicá-la indiscriminadamente. Ele tentou posicionar a Serpente da Sabedoria na sua cabeça, e argumentou que, por ser um ($1^{\underline{o}} = 10^{\square}$) da Ordem, ele deveria igualmente ser um ($10^{\underline{o}} = 1^{\square}$)! Como afirmado no *The Book of Lies* [cap. 63],[57] “Eu inverti DOG (cachorro) para encontrar Deus (GOD); agora Deus late!” Ele deveria ser aconselhado a reverter seu adorado ONE (um) e tomar uma dose de ENO!”

(“ONE” em hebraico é “Achad” “ENO” é a marca de antiácido).

Um ano depois, em 1923, após a recepção do próximo livro de Achad, *The Egyptian Revival*, Crowley expressou em seu diário sua irritação com a direção que seu “filho” tomava.

> “Que linha devo seguir em relação aos livros de Frater Achad? (Acabei de receber *The Egyptian Revival* & e uma ameaça de outros). O ponto é o seguinte: os livros – mesmo para além da nova atribuição proposta para os Caminhos – são tão desesperadamente ruins de quase todas as formas – gramática, estilo, sentido, ponto de vista, nossa, tudo! –, mas eles podem fazer bem para as pessoas para as quais ele foi escrito. Minha preocupação real é para que ele não tenha excesso de arrogância e caia do cavalo”.[58]

56. *Liber 418 – The Vision & The Voice – with Commentary and Other Papers.* Aleister Crowley, York Beach, Maine: Weiser Books, Inc., 1998, p. 226.
57. *The Book of Lies,* de Aleister Crowley, York Beach, Maine: Weiser Books, 1992, p. 136.
58. *The Magical Diaries of Aleister Crowley,* ed. Stephen Skinner, Jersey: Neville Spearman e New York: Weiser Books, 1979, p. 127.

Seus medos se tornaram (pelo menos na mente de Crowley) uma realidade. Ele escreveu em *Magick in Theory and Practice*:[59]

> "Alguém que deveria saber que não deve fazer isso tentou aperfeiçoar a Árvore da Vida virando a Serpente da Sabedoria de ponta cabeça! Mas ele nem conseguiu deixar seu esquema simétrico: o pouco de bom senso que lhe restava se revoltou com as atrocidades supremas. Mas ele conseguiu reduzir todo o Alfabeto Mágico a algo sem sentido, e demostrando que ele nunca compreendeu seu real sentido.
>
> O absurdo de tamanha desordem no arranjo dos Caminhos fica evidente para qualquer aluno sensato, a partir de exemplos como os seguintes. Binah, a Compreensão Suprema, é conectada a Tiphereth, a Consciência Humana, por Zain, Gêmeos, os Oráculos dos Deuses, ou a Intuição. Isto é, a atribuição representa um fato psicológico: substituí-lo pelo Diabo é piada ou pura idiotice. Mais uma vez, a carta da "Força", Leão, equilibra a Majestade e a Misericórdia com Força e Severidade: qual o sentido de colocar a "Morte", o Escorpião, em seu lugar? Há 20 outros erros na nova atribuição maravilhosa iluminada de cima; o aluno pode, portanto, ter a certeza de receber mais vinte gargalhadas se ele se importar em estudar isso".[60]

Mas nos diga como você realmente se sente, sr. Crowley!

É claro que se pode dizer que Crowley estava simplesmente com inveja das descobertas de Achad, da velocidade do avanço de sua iniciação e do seu espírito independente. Afinal, Crowley poderia ser implacável e mesquinho. Deve-se destacar, no entanto, que não importa o quanto ele fosse cruel em seus insultos às novas doutrinas de Jones, ele sempre reconhecia e elogiava seu papel como o descobridor da chave Qabalística ao *Liber AL vel Legis, O Livro da Lei.*

59. *Liber ABA, Book Four.* 2ª ed., editado por Hymenaeus Beta, York Beach, Maine: Weiser Books, Inc., 1997.
60. *Ibid.* p. 141.

O fato é que o comportamento de Jones, com o passar dos anos, levou muitos a acreditarem que ele sofria com surtos de doença mental. Essas coisas são difíceis de provar, especialmente em se tratando de magos, e não deveria lançar necessariamente suspeitas sobre a qualidade do seu trabalho feito durante momentos mais saudáveis, ou negar a real possibilidade de tal comportamento ter se manifestado porque Jones estava extasiado em níveis elevados impenetráveis de consciência.

Sim, ele se juntaria à Igreja Católica Romana em uma tentativa de transmutar essa religião mundial em uma que aceite a Lei de Thelema e a fórmula da Era de Hórus. Mas esse foi um ato de insanidade, ou simplesmente o ato corajoso e audacioso de um herói thelemita? Sim, ele seria preso por abrir seu casaco para expor sua nudez às massas de Vancouver. Mas os pelados Sadhus da Índia são presos por indecência?

É fácil para nós (especialmente aqueles cujas carreiras iniciáticas nos colocam visivelmente para baixo na Árvore da Vida) apontar para esses incidentes e especular como o avanço prematuro de Achad, Mestre do Templo, fez com que ele caísse na loucura de Daäth (a falsa Sephira, "Conhecimento" que reside no próprio Abismo) para se tornar um Irmão Negro. Na verdade, pouquíssimas pessoas na face da Terra são qualificadas para fazer esse julgamento. Eu com certeza não sou.

O próprio Achad, entretanto, nos dá uma dica assustadora de seus pensamentos a esse respeito, em 1948, em uma carta a Gerald Yorke.

> "Se este Novo Éon é o que parece ser, ele terá eliminado a Maldição do Mago e destruído o Glamour, as Mentiras e a Loucura dos Caminhos Supremos. Isso deixaria a pessoa em Daäth – e representaria a verdadeira Conquista – tornar-se uno com Aqueles que Sabem".[61]

Deixando de lado a especulação e a controvérsia, Frater Achad continua a ser uma das figuras mágicas mais interessantes e importantes do século XX. Suas descobertas cabalísticas iniciais continuam a produzir ideias novas e provocadoras sobre O Livro da Lei e outros Livros Sagrados de Thelema. O mais empolgante, na minha opinião, é o trabalho,

61. Jones, carta a Gerald Yorke, abril de 1948.

que está atualmente a todo vapor, de uma Qabalah baseada nas letras do alfabeto da língua inglesa,[62] que, embora não seja por si só uma descoberta de "Achad", baseia-se em parte em seu Liber 31.

Q.B.L. *or The Bride's Reception* é uma obra-prima da Qabalah e da controvérsia. Sua importância ao mundo da literatura oculta moderna pode ser medida não apenas por seu valor como um manual notavelmente compreensível dos princípios fundamentais da Cabala, mas também por nos oferecer um raro vislumbre do coração e da mente de um aspirante à sabedoria e à verdade brilhante e sincero.

62. "New Aeon English Qabala", descoberta por Jim Lees em 1976, o conceito foi mais desenvolvido por Jake Stratton-Kent, Carol Smith e membros da Ordem Alquímica Hermética da QBLH (qblh@qblh.org). Recomendados também – Gerald del Campo, *New Aeon English Qabalah Revealed*, Marietta, Georgia: Luxor Press, 2003 e John Crow, *New Aeon English Qabalah Dictionary*, Marietta, Georgia: Luxor Press, 2003.

A LÍNGUA DA SERPENTE

Liber 187

Prefácio para a Edição de 2011[63]

Deve haver um fundo de verdade no ditado: "você não pode ensinar novos truques a um cão velho". Mas quanto a este cão velho aqui, a Qaballa[64] inglesa pode muito bem ser o truque novo mais importante que aprenderei.

Suponho que eu não possa ser condenado tão severamente por demorar tanto para examinar esse instrumento espiritual maravilhoso. Afinal, passei a melhor parte da minha vida adulta evitando esses *centros de pestilência* que ousavam discutir ou interpretar os conteúdos do *Liber AL vel Legis.*[65] Desconfiava especialmente das pobres almas que, em troca de uma cerimônia de coroação e da obra para certa propriedade na Escócia, foram preparadas para assumir o manto da liderança espiritual

---

63. Escrito para Jake Stratton-Kent. *The Serpent Tongue: Liber 187*, London: Hadean Press, 2011.

64. Formas de escrita alternativas Qabala, Qabalah, Cabala, Kabbalah.

65. O Comentário Classe A sobre o *Liber AL vel Legis* diz:
Faça o que quiseres será o todo da Lei.
O estudo deste Livro é proibido. É prudente destruir esta cópia depois da primeira leitura.
Qualquer um que desconsiderar isso o fará por sua própria conta e risco. Isso é terrível.
Aqueles que discutem os conteúdos deste Livro devem ser evitados por todos, como centros de pestilência.
Todas as questões da Lei devem ser decididas apenas recorrendo aos meus escritos, cada um por si.
Não existe lei além do Faça o que quiseres.
O Amor é a lei, amor sob a vontade.
O padre dos príncipes,
Ankh-f-n-khonsu / [666]

do mundo. De fato, em 1983, minha coleção de cartas de indivíduos revelando-se ser a encarnação de Aleister Crowley, ou o "único a ser seguido", ou "...seu filho & aquele estranhamente..." ou "o filho das entranhas de alguém", competia com a do dr. Regardie.[66] De fato, logo antes de sua morte, o caro homem e eu até cogitamos a ideia de juntarmos nossas cartas e comunicações em um livro chamado *Liber Nutz.*

Os autores de quase todos esses documentos pitorescos alegavam ter "decifrado o código" de *O Livro da Lei* e, como prova, ofereciam explicações elaboradas da série de números e letras (palavras) que iniciam o 76º verso do segundo capítulo de *Liber AL vel Legis:*

> 4 6 3 8 A B K 2 4 A L G M O R 3 Y X 24 89
> R P S T O V A L.

Por exemplo: o pai daquele "único a ser seguido" chamava-se Kenneth. Como a palavra hebraica para pai é "AB", estava perfeitamente óbvio que ABK referia-se ao seu pai – cujo endereço, na ocasião do nascimento de seu filho (& isso curiosamente), era 4637 GILMORE ST. Mas, em virtude do fenômeno surgido da obliquidade do eixo da Terra entre 1904 e a data do seu nascimento, as coordenadas reais do seu nascimento foram alteradas para o outro lado da rua, nº 4638. "Que outra prova você quer?", ele perguntou. Não respondi, mas liguei para Regardie e contei a história. Nós rimos como valentões no pátio da escola.

Hoje tenho um pouco de vergonha das minhas rejeições arrogantes do que agora vejo como apelos sinceros e comoventes por validação espiritual de aspirantes que estavam desesperadamente tentando, bem melhor do que eu, aplicar o mito complexo e pitoresco de Thelema diretamente em suas próprias vidas. Na ocasião, entretanto, meu cinismo endurecia a cada nova revelação, assim como meu desdém por esses profetas natimortos com seu narcisismo estrondoso, ilusões de grandeza, hebraico imperfeito, gematria desconjuntada, aritmética errada, fraco domínio do idioma e a completa incapacidade de compreender o fato de que quem lê essas cartas concluiria imediatamente que eles eram loucos de pedra.

---

66. Francis Israel Regardie (nascido Regudy; 1907-1985) ocultista, escritor e antigo secretário pessoal de Aleister Crowley.

Como a maioria dos thelemitas, tive minha própria cota de me ocupar disso. No fim dos anos de 1970, peguei três blocos de notas amarelos e determinei a numeração para cada palavra do *Liber AL.* Fiz isso de uma maneira bem ortodoxa, tratando cada letra inglesa como seu equivalente em hebraico. Esse foi um projeto singularmente insatisfatório. Fiquei perpetuamente frustrado com incertezas – a incerteza sobre se esse "t" é ou não Tau ou Teth; ou se esse "x" é um Tzaddi ou Cheth, ou se esse "o" é um Vau ou um Ayin. O desespero se seguiu à frustração, quando minha esposa, Constance (que odeia a Qabalah), me bombardeava sempre com o fato óbvio de que *Liber AL* não foi escrito em hebraico. Então, por que raios as letras de suas palavras deveriam ser traduzidas para o hebraico? Minha defesa foi medíocre:

"Um dos motivos", expliquei para ela com uma doce condescendência, "é para ver suas relações com palavras e conceitos cabalísticos tradicionais significativos". "E de onde vêm essas palavras e conceitos?", ela questionava. (Ela sabia a resposta. Estava só sendo má).

"Da Bíblia... na maior parte", murmurei.

"Bem, a Bíblia não é meu Livro Sagrado, e *O Livro da Lei* não precisa se escorar na Bíblia! Mostre-me uma Qabalah em inglês... uma que use *O Livro da Lei* e não a Bíblia!"

Claro que ela estava (como sempre) certa. Acabei abandonando essa via de pesquisa e fiquei, em grande parte, contente em apelar exclusivamente aos textos de Crowley por ideias e inspiração. Quanto a explorar o alfabeto inglês – lidei meio sem vontade com o *Liber Trigrammaton,* da mesma forma que uma criança espalha os brócolis pelo prato, mas foi só isso. Eu fiz, no entanto, uma incursão patética (mas incrivelmente bem-sucedida) na magia prática do *Liber AL.*

Projetei os números e as letras do II.76 sobre um kamea do Sol, deste modo:

> 4 6 3 8 A B K 2 4 A L G M O R 3 Y X 24
> 8 9 R P ST OV AL

Eu o imprimi em uma cartolina dourada/amarela e plastifiquei. Nosso primeiro teste com esse talismã foi ver se ele nos ajudaria a encontrar um novo lugar para morar. Isso pode não soar como uma magia muito séria, mas se você já tentou encontrar uma casa razoavelmente barata para alugar em Newport Beach, Califórnia, então temo que você realmente não entenda o significado das palavras "milagre impossível". Nossa técnica era a simplicidade em pessoa. Grudamos com fita crepe o quadrado no painel do nosso carro e dirigimos pela vizinhança onde mais queríamos morar. Como as taxas de aluguel na nova vizinhança estavam completamente fora da variação de preços que poderíamos pagar, nós sabiamente nos armamos com uma garrafa de vinho para garantir que não fôssemos dissuadidos pelo bom senso.

Sem entrar em detalhes (que são fascinantes para nós, mas que, tenho certeza, pouco interessa ao leitor), simplesmente relatarei que nos 25 anos seguintes nós precisamos celebrar este ritual seis vezes para localizar novos lares. Ele sempre funcionou, para o assombro dos nossos vizinhos e amigos e para nossa imensa satisfação.

Menciono esse quadrado mágico não para provar como eu era esperto, nem para elogiar o poder inerente em *O Livro da Lei.* Trago isso à tona apenas para destacar o estado espiritual triste para o qual me deixei levar. Lá estava eu, um thelemita sabichão. Militava que *Liber AL vel Legis* era o instrumento revelador da era. Eu o estudava diariamente e corroborava o estudo realizando rituais baseados em suas divindades e fórmulas; com leitura, memorização e meditação. Era o melhor maldito pregador de *O Livro da Lei* na cidade! Mas a coisa mais prática que já fiz com ele foi preparar um talismã rústico para procurar casas! Inferno! Por que não apenas um osso de búfalo descorado pelo sol, traçar algumas marcas neles com uma pedra afiada e lançá-lo para a lua?

Bem, talvez eu esteja sendo muito duro comigo mesmo. O jovem tolo, que não teve o juízo para ver a enormidade da sua ignorância, nem o bom senso de desistir da busca, acabou se tornando um velho tolo. Não me leve a mal. Não acho que desperdicei nenhum minuto na minha educação mágica. Posso ter abandonado cedo minha atividade com o Capítulo II, versículo 76, mas gastei os 25 anos seguintes mergulhando nas palavras, imagens e conceitos que formam os tijolos do edifício magnífico que é Thelema.

Falo particularmente dos tesouros a serem encontrados no *Liber AL vel Legis* e nos 13 *Livros Sagrados*. Que emoção absoluta é, neste ponto um tanto tardio na minha vida mágica, finalmente ter um vislumbre do que certamente me parece ser o cimento matemático que une essas grandes pedras escriturais. Por favor, não pense que eu pretenda falar por qualquer outra pessoa, além de mim mesmo, quando exponho meus comentários nesse lugar. Não estou escrevendo como um porta-voz para qualquer uma das ótimas organizações às quais pertenço e cuja paciência gentil permitem minha adesão. Entretanto, como indivíduo, não posso esconder meu entusiasmo pessoal a respeito da Cabala Inglesa (baseada na progressão ALWHS... etc.) e o trabalho maravilhoso feito por Jake Stratton-Kent e outros que continuam a desenvolvê-la e enriquecê-la. Eles merecem a admiração e o agradecimento de cada aluno de magia moderna.

O *Liber 187* é um exemplo particularmente brilhante de como rituais e exercícios podem ser criados a partir dessa estrutura incrível. Após lê-lo pela primeira vez, escrevi para Jake e lhe disse: "É claro como a luz do dia!" É de fato tão claro que parece a luz do dia – palavras e frases em inglês relacionadas a outras palavras e frases em inglês – palavras mágicas – palavras familiares que fluem pela matriz dinâmica de uma pequena coleção de literatura espiritual que eu considero pessoalmente sagrada.

Talvez um velho cão possa aprender um truque novo ou dois. Eu com certeza pretendo descobrir.

MANUAL DA QABALAH PARA MAGOS

Um Guia para o Sephiroth

Prefácio para a Edição de 2013[67]

"A Qabalah não é um sistema de crença. É uma forma de analisar as coisas. É uma maneira de organizar seu universo tão bem que você acaba descobrindo seu próprio lugar nele."

— RABINO LAMED BEN CLIFFORD[68]

Sou um velho *hippie*. Em 1967, no entanto, era um *jovem hippie*. Usava o cabelo bem comprido, moletons coloridos e calças de carateca. Ficava muito descalço. Mais importante, embarcara com entusiasmo (com o auxílio de substâncias químicas psicoativas e os trabalhos de Paramahansa Yogananda, Alan Watts, dr. Timothy Leary e os Beatles) em uma jornada de autoexploração e descoberta que continua até hoje.

---

67. Escrito para Anita Kraft, *The Qabalah Workbook for Magicians,* Newburyport, Massachusetts: Weiser Books, 2013.
68. Lon Milo DuQuette. *The Chicken Qabalah of Rabbi Lamed Ben Clifford,* York Beach, Maine: Weiser Books, 2001, p. 150.

A metade dos anos 1960 foi uma aberração cósmica – uma fenda no espaço-tempo. Foi certamente uma temporada extraordinária da história; uma era divertida e mágica para estar vivo e ser jovem. Naquele momento dourado era possível para um jovem caipira superficial de Nebraska – que não possuía mais inteligência ou sabedoria que um nabo – tropeçar ingenuamente no *sanctum sanctorum* de *Montsalvat* e, com um desinteresse contemplativo, dar uma boa grande golada no Santo Graal. Eu saí dessas primeiras experiências psicodélicas com a percepção em cores vivas de que Deus é consciência – consciência é o segredo da existência – consciência é o segredo da vida – e que *sou consciência.*

As drogas alucinógenas foram justamente o necessário para escancarar as portas fortemente bloqueadas da minha percepção constipada e medieval, mas, uma vez que o portal foi devida e verdadeiramente quebrado, deparei-me com o fato de que os obstáculos que permaneceram no meu caminho seriam bem mais sutis e difíceis de remover. Essas oclusões exigiriam o uso de um arsenal mais delicado. Em busca de nutrientes espirituais, bebi na fonte da literatura budista e hindu, e passei das drogas às silenciosas disciplinas da meditação e do misticismo oriental. Cortei meu cabelo, virei vegetariano e me imaginei iogue.

Sim! Estava todo preparado para ser um místico oriental de primeira categoria – pelo menos, achei que estivesse nesse caminho. Algo, no entanto, não parecia certo. Em um nível intelectual, eu não tinha dificuldade em compreender o conceito místico de que eu (meu *verdadeiro* eu) era algo profundamente mais do que meu corpo, meus pensamentos e minhas emoções. Entendia que meu *verdadeiro eu* era, em essência, o reflexo perfeito do absoluto e da Consciência Suprema (aquele grande "seja lá o que for" dentro do qual residem todas as coisas, e *do qual* o universo manifestado é apenas uma expressão). Ficou perfeitamente claro para mim que, se pudesse apenas retirar todas as coisas que eu *não* era, então a única coisa restante seria exatamente isso! ... *A Única Coisa* – e essa única coisa seria a Consciência Suprema *e* eu!

Com a certeza da juventude, concluí que isso era o que os místicos orientais almejavam. Esse nível de consciência é o "nada" profundo do Nirvana – a totalidade contínua de Samadhi. Tudo o que tinha de fazer era me despir do meu eu mais nu – e, quando chegasse lá, meu "eu" desapareceria no grande "seja lá o que for" da Consciência Suprema.

Mas, infelizmente, sou péssimo em meditação. Ah, poderia parecer que eu era muito bom em meditação. Conseguia ficar sentado quieto no meu ásana por longos períodos com uma xícara de chá cheia sobre um pires equilibrado na minha cabeça.[69] Minha habilidade no *pranayama* era admirável, e eu conseguia segurar a imagem clara do pêndulo de um relógio na minha tela mental por eternos microssegundos por vez. Mas algo estava profundamente errado com meu trabalho; e aposto que o astuto leitor provavelmente já identificou exatamente o que estava errado com a minha visão de todo esse negócio de iluminação. Aqui... Vou falar para você...

"Sr. DuQuette, para um místico, você usa a palavra 'eu' demais. Você não deveria perder seu ego à medida que se aproxima da iluminação?"

Exatamente! Admito a culpa! Eu sabia, é claro, que, no final das contas, nós devemos transcender a identidade com o ego para nos tornarmos a Consciência Suprema absoluta (assim como devemos transcender nossa identidade com o *corpo,* as *emoções* e a *mente*). Mas por nada deste mundo consegui remover o "eu" objetivo no processo subjetivo da "dissolução de mim". Não consegui tirar da cabeça a ideia de como eu *pareceria legal* ganhando iluminação – como pareceria legal *sem ego!*

A princípio, senti-me um pouco constrangido com tudo isso. Mas, como a autocrítica séria nunca foi uma das minhas virtudes, logo cheguei à percepção atordoada de que eu estava simplesmente tentando rodar um *software* oriental no meu *hardware* ocidental. Talvez tivesse sido mentalmente programado por natureza e pela civilização ocidental não a buscar a união divina, *largando* todas as coisas que *não sou,* mas sim *unindo-me* com todas as coisas que *eu sou.* O *vazio* profundo e a *plenitude* profunda são a mesma coisa. As disciplinas do Oriente obrigam o místico a olhar para dentro pela união com Deus; e isso é ótimo para a disposição introspectiva oriental. A psique ocidental, por outro

69. É verdade! Pergunte para Constance. Ela tinha que colocar essa xícara cheia na minha cabeça todas as manhãs!

lado, é inclinada a olhar para fora. Nós adoramos a escritura e o drama do ritual, que dá uma expressão externa para realidades internas. Em qualquer um dos casos, o objetivo supremo é o mesmo. A escolha de abordagem feita pela pessoa é apenas uma questão de temperamento cultural. Eu sou o mais ocidental possível. Então, sou "extrovertido".

Voltei minha atenção ao que o Ocidente poderia ter a oferecer, e comecei minha busca pelo "*software* ocidental" – um equivalente ocidental do *Tao* – um equivalente ocidental do *Zen*, e eu meio que encontrei o que procurava na Qabalah.

Minha introdução à Qabalah foi resultado indireto do meu envolvimento na juventude com a Ordem Rosacruz AMORC.[70] Encorajado pelo meu irmão mais velho, Marc, entrei para a Ordem no início dos anos 1970 com esperança de que ela me daria algo espiritual e benéfico para ocupar minha energia nervosa, enquanto eu fazia a transição da vida artística de sexo, drogas e rock 'n' roll para a docilidade de marido domesticado e pai.

Os ensinamentos em monografias da AMORC eram entregues a cada semana pelo correio e eram uma combinação fora do comum de meditações ritualísticas solitárias e experimentos de ciência e química saídos do colegial. Apesar de ter odiado a escola, eu achava o material da AMORC curiosamente fascinante e inspirador. Estava muito animado quando fui ao meu primeiro serviço de "convocação" em uma loja local, em Long Beach. Descobri na mesma hora que adorava me vestir com mantos assustadores, entoar estranhos cânticos e caminhar no escuro.

À medida que eu subia na estrutura em Graus da organização, aprendia que certos petulantes místicos poderiam ser redimidos. Fui informado por um colega que, quando chegasse a um certo Grau, eu me qualificaria para pedir e receber monografias adicionais com instruções sobre certos assuntos misticamente relacionados. Uma das séries de monografias extracurriculares era sobre "A Kabbalah Sagrada", e eu aguardava impaciente o momento em que estaria qualificado para me inscrever para os ensinamentos. Quando esse dia finalmente chegou, enviei uma ordem de pagamento para o curso e aguardei com ansiedade minha iniciação nos mistérios da Kabbalah Sagrada.

70. AMORC. Antiga e Mística Ordem Rosacruz, uma organização fraterna internacional fundada em 1915 pelo publicitário Harvey Spencer Lewis e outros.

As seis monografias chegaram em um envelope e li todas as seis de uma só vez. Tinha uma breve descrição histórica e uma bibliografia, mas não tinha meditações, rituais, nem exercícios. De fato, não tinha nada que fizesse qualquer sentido para mim. Na verdade, a maior parte do texto estava cheia de grandes alertas sobre o que a Kabbalah *não* é. Não consigo resistir a parafrasear satiricamente:

> "Escreve-se "Kabbalah". Se você se deparar com uma literatura que escreve essa palavra com apenas um "B", não é realmente Kabbalah e você deve fugir. Se você se deparar em uma literatura com a palavra escrita com um "Q" ou um "C", ou até mesmo de qualquer outra forma que não seja "Kabbalah", você deve parar de ler e fugir.
>
> A Kabbalah não é algo que seja anotado, então não espere descobrir nada sobre ela com leituras. Ela só é passada oralmente de um judeu devoto com idade entre 40 e 80 anos, que seja rico o bastante para ter muito tempo livre para se dedicar ao estudo da Kabbalah para outro homem judeu com a idade entre 40 e 80 anos, que também seja rico o suficiente para ter muito tempo livre para se dedicar ao estudo da Kabbalah.
>
> A Kabbalah não tem nada a ver com um diagrama chamado Árvore da Vida... se você vir uma Árvore da Vida... fuja! A Kabbalah não tem nada a ver com cartas de Tarô... se você vir cartas de Tarô... fuja! A Kabbalah não tem nada a ver com magia... se você vir algo que tenha a ver com magia... fuja!
>
> A Kabbalah é o estudo secreto, esotérico, oculto, proibido, furtivo e muito provavelmente *perigoso* da Santa Bíblia e, com certeza, não é para jovens diletantes presunçosos como *você*. Na verdade, você deveria estar envergonhado por ter a curiosidade sobre o que é a Kabbalah.
>
> Obrigado por esperar dois anos por essas monografias e por enviar $15,00.
>
> Agora... FUJA!"[71]

71. É claro que estou exagerando. Eu tenho o maior respeito pela organização e, exceto por esse conjunto de monografias afrontosamente desencorajadoras, tenho somente memórias maravilhosas das minhas experiências na AMORC.

Isso foi em 1972. As coisas mudaram no mundo da Qabalah! A Kabbalah, Qabalah ou Cabala está em todo lugar. Livros, lições, ensinamentos, organizações; até vídeos, filmes e CDs podem ser comprados, assistidos, vistos e ouvidos sempre que quiser. O que continua a ser uma raridade, no entanto, são instruções competentes e práticas sobre como incorporar realmente os fundamentos da Qabalah na vida diária e na rotina de uma pessoa. Para mim foi uma comédia imprevisível com erros e acertos e triunfos acidentais, e talvez seja assim que deva sempre ser. Mas está claro para mim que o trabalho não precisa ser mais difícil para o pobre aluno do que o absolutamente necessário.

Como o aluno sério da atualidade pode começar de fato o processo de se inocular com o vírus do pensamento cabalista – essa doença divina que acaba incubada na alma e eclode como iluminação? Como um místico moderno pretende conectar tudo no universo com todas as outras coisas até não restar "mais nada"?

Em uma tentativa de responder a essas questões, escrevi um livreto que caprichosamente chamei de *The Chicken Qabalah.*[72] Falando francamente, foi o texto que eu queria ter lido quando comecei minha aventura pela Qabalah. Ao longo dos anos, o livro foi bem recebido e, na maior parte, estou satisfeito que meu trabalho tenha sido recompensado. Sou especialmente grato que o livro foi escolhido pela senhorita Anita Kraft como uma das suas fontes para seu maravilhoso *Qabalah Workbook for Magicians*. Sua obra é aquela mais rara das ferramentas mágicas: um curso elegante e interativo na prática da Qabalah. Um livro que o obriga a arregaçar as mangas e fazer as coisas com a Qabalah. Fico emocionado principalmente porque ler seu livro me deu a oportunidade de testemunhar uma nova geração de magos cabalistas cujo brilho irradia não só do fato de que ela "entende" no sentido tradicional, mas também porque ela promove a tecnologia de formas modernas, inovadoras e divertidas. Tenho orgulho de, em uma pequena medida, estar associado com sua publicação.

Para encerrar, eu gostaria de deixar você com as últimas 72 palavras proferidas pelo meu professor de Qabalah favorito e (até seu misterio-

72. Lon Milo DuQuette, *The Chicken Qabalah of Rabbi Lamed Ben Clifford*, Newburyport, Massachusetts: Weiser Books, 2001.

so desaparecimento há alguns anos), nosso conselheiro espiritual familiar de uma vida inteira, Rabino Lamed Ben Clifford. O caro homem me disse certa vez: "Ron" – ele nunca conseguia lembrar meu nome – "Ron, a Qabalah não é um sistema de crença. É uma forma de analisar as coisas. É uma forma de organizar tão bem seu universo que você vai acabar descobrindo seu próprio lugar nele".

É meu mais sincero desejo que este livreto o ajude e o conforte enquanto você organiza *seu* universo tão bem que você vai acabar descobrindo seu próprio lugar nele.

Deus os abençoe. Shalom.

O Segredo do Shem-Ha Mephorash

As Últimas Palavras por Escrito do Rabino Lamed Ben Clifford[73]

Deus é.

Deus indiviso é pura potencialidade e não percebe
Nada.

Deus só consegue perceber-se Tornando-se Muitos e então experimentando todas as possibilidades por meio das aventuras de Suas muitas partes.

O propósito final da Minha existência é exaurir Minha potencialidade individual.

Meu amor por Deus e o amor de Deus por mim vem do Grande Segredo que compartilhamos.

O Segredo é

Deus e eu alcançaremos a Iluminação
Suprema ao mesmo tempo.

73. Lon Milo DuQuette. *The Chicken Qabalah of Rabbi Lamed Ben Clifford*, York Beach Maine: Weiser Books, 2001, p. 202.

A LINGUAGEM SECRETA DO TARÔ

POSFÁCIO DA EDIÇÃO DE 2008[74]

Quando jovem, fui apresentado ao Tarô como um suplemento ao meu estudo do Rosacrucianismo e da Qabalah Hermética.[75] Nunca foi minha intenção usar as cartas como uma ferramenta adivinhatória (uma atividade vista com desagrado pela "escola" de mistério que frequentava por meio de um curso por correspondência). De fato, fui aconselhado que usar as cartas para ver a sorte me enfraqueceria espiritualmente. Acreditei nos meus professores e, nos três anos seguintes, usei as cartas apenas para meditação.

Parte do currículo da escola era a exigência que cada aluno pintasse seus próprios trunfos no baralho de cartas de Tarô. O curso fornecia um baralho sem pintura dos 22 trunfos com esboços em tinta preta das figuras em cada carta e instruções bem específicas para colorir. Cada carta levava duas semanas para colorir, durante as quais eram passados certos textos e meditações. Devo admitir que, no fim das 44 semanas, eu sabia cada detalhe das cartas.

---

74. Escrito para Ruth Ann e Wald Amberstone. *The Secret Language of Tarot*, York Beach, Maine: Weiser Books, 2008.

75. A "Qabalah Hermética" é uma faceta da Kabbalah Hebraica adotada e utilizada por alunos de magia e das tradições de Mistério Ocidentais.

O poder místico inerente nas imagens ficou aparente já nas primeiras semanas do meu estudo. A noite em que terminei de colorir *O Louco* se tornaria uma das mais memoráveis da minha vida. Durante a noite, tive a visão mais maravilhosa. Foi diferente de tudo que já vivi (mesmo nos anos 60!). Foi tão intenso que, mesmo após acordar e acender a luz, as imagens vivas continuavam a passar pela tela da minha visão.

Não vou aborrecê-lo com os detalhes curiosamente pessoais dessa iniciação noturna. Basta dizer que *foi* uma iniciação – não uma iniciação na "ordem" tradicional, que me enviava monografias pelo correio toda semana, mas no "templo" do Tarô. Sabia, sem sombra de dúvida, que minhas duas semanas com a carta do *Louco* reprogramou minha mente e provocou um vislumbre de um nível mais elevado de consciência. Eu me perguntava: "O que será de mim quando eu terminar todo o baralho?".

Agora, mais de 30 anos depois, o Tarô continua a desempenhar um papel central na minha vida. É minha companhia constante. Sua estrutura e construção cabalística perfeita é uma fonte constante de admiração e de iluminação. É a luneta, o conselheiro e o comentarista de uma vida examinada, e vejo os eventos contínuos da minha existência dinâmica embaralhando, tirando e embaralhando as cartas de novo. Meu relacionamento com as cartas transcendeu há muito tempo o estágio do: *"Nossa! O maldito Valete de Copas está me derrotando com o 3 de Discos de novo"*. As cartas deixaram de ser desenhos metafóricos do meu intelecto e do meu processo de raciocínio, e se tornaram literalmente anjos comunicadores da minha vida intuitiva. Na linguagem do Tarô, estou passando do mundo de Espadas para o mundo das Copas, e o Tarô me dá a linguagem secreta, o vocabulário para expressar tais sutilezas espirituais inefáveis. Esse é talvez o maior presente do Tarô ao aluno da alma – a habilidade de se comunicar com as várias partes do nosso ser – dar forma e sentido a partes da nossa mente que são sem formas e indefiníveis. A linguagem secreta. A dádiva do deus Thoth.

Há muito tempo deixei de evitar o Tarô como uma ferramenta divinatória. Isso não quer dizer que considere minhas leituras para outras pessoas como uma forma de ler a sorte. O Tarô, ou qualquer oráculo, não consegue nos mostrar o futuro ou responder nossas perguntas de forma direta. O Tarô é apenas o veículo da perfeição, e a verdade eterna é revelada na perfeição. Usado com a atenção adequada, esses oráculos servem para anunciar não a condição do futuro, mas do *Grande Agora.* O consulente do oráculo é que deve vislumbrar de alguma forma o futuro ou ouvir a resposta para sua questão nesse anúncio.

Dito isso, posso dizer francamente que nunca tomei uma decisão importante, conscientemente baseado na informação recebida em uma leitura de Tarô (especialmente as minhas) ou qualquer outra forma de adivinhação. Não porque não confie na sabedoria e na eficácia dos oráculos, mas porque sou um velho tolo egocêntrico, orgulhoso, cabeça-dura, que raramente aceita conselhos sábios de algum de seus amigos ou familiares, que dirá de um baralho ou de uma jogada de dados.

No entanto, *encontrei* adeptos cujas leituras de Tarô são eminentemente dignas de um conselho para tomar decisões. Dois deles, na verdade, são os autores deste livro para o qual tenho a honra de escrever este breve Prefácio. Os Amberstone são queridos amigos (eu celebrei seu casamento) e diretores de uma das escolas de Tarô mais respeitadas do mundo. Suas credenciais são impecáveis, mas sua maior qualificação para falar com autoridade sobre esse assunto sagrado é o fato de que eles agregam confortavelmente às suas vidas um nível evidente de equilíbrio, sabedoria e sanidade. Em suma, eles são exemplos ambulantes de vidas iluminadas por meio do contato e do domínio da *linguagem secreta do Tarô.*

TARÔ E A PSICOLOGIA

Espectros de Possibilidade

PREFÁCIO À EDIÇÃO DE 2000[76]

"Prometa-me nunca abandonar a teoria sexual. Esta é a coisa mais essencial de tudo. Veja, nós devemos fazer dela um dogma, um baluarte inabalável ...contra a maré negra do lodo... do ocultismo."

— FREUD, ESCREVENDO PARA JUNG, 1913

"Eu sabia que nunca conseguiria aceitar tal atitude. O que Freud parecia querer dizer com "ocultismo" era praticamente tudo o que a filosofia e a religião, incluindo a contemporânea ciência em formação da parapsicologia, aprenderam sobre a psique."

— A REAÇÃO DE JUNG À DECLARAÇÃO DE FREUD

Por pelo menos cinco séculos, o Tarô sobreviveu obstinadamente à condenação da Igreja, à perseguição do Estado e à ridicularização da academia. Há muito tempo instrumento de videntes e pessoas de caráter duvidoso, se não criminoso, o Tarô entra no novo milênio ainda com a aparência de um anjo caído. Entretanto, ao contrário

76. Escrito para Arthur Rosengarten, PhD, *Tarot and Psychology: Spectrums of Possibility*, Vadnais Heights, Minnesota: Paragon House, 2000.

do protagonista rebelde de Milton, o Tarô agora paira perigosamente próximo à redenção. Estou contente, mas nada surpreso, em saber que essas imagens antigas e evocativas agora estejam atraindo a atenção séria de profissionais de saúde mental modernos. O principal dentre eles é Arthur Rosengarten, PhD, cujo trabalho provocador e de leitura totalmente agradável é o assunto dessas breves palavras.

Desde a metade do século XIX, os adeptos do Hermetismo Ocidental tentaram demonstrar que o Tarô é construído em estrita conformidade com os princípios fundamentais do misticismo hebraico conhecido como Kabbalah. Afirmaram que as imagens do Tarô, especialmente aquelas exibidas nas 22 cartas de trunfo, são personificações visuais dos vários aspectos da Divindade, que foram categorizadas com um zelo minucioso por sábios hebraicos não nomeados, em algum momento no passado distante.

Os antigos filósofos hebraicos basearam-se na premissa escritural de que o Homem foi criado à imagem de Deus. Mais tarde, os esotéricos, observando o fenômeno dos padrões repetidos na natureza e lembrando-se do axioma hermético "o que está em cima é como o que está embaixo", tenderam a concordar, embora com um viés menos paroquial. Inferiram que, se as imagens do Tarô fossem metáforas dos aspectos da consciência divina, por conseguinte, também devem estar refletidos no nível humano como componentes centrais da psique – cidadãos arquetípicos da mente que cada um de nós compartilha com nossos companheiros.

Embora eu não me atreva a falar com alguma medida de autoridade sobre assuntos relacionados ao campo da psicologia, sinto-me um pouco qualificado para comentar questões pertinentes à Kabbalah e ao Tarô. Está claro para mim que o conceito "místico" das imagens arquetípicas do Tarô é idêntico em essência àqueles do Inconsciente Coletivo Universal de Jung. Além disso, acredito piamente que, sob certas circunstâncias, as imagens do Tarô podem desencadear, ativar, dominar, direcionar ou empoderar as dinâmicas específicas que esses arquétipos representam.

Lamentavelmente, poucos profissionais estão cientes do potencial prático do Tarô. Um grupo menor ainda está disposto a correr o risco da condenação dos colegas, embarcando em um curso de estudo que os capacitaria a empregar essa ferramenta com destreza em um ambiente terapêutico. Mestre das duas disciplinas, o dr. Rosengarten permanece um tanto imune a essas preocupações. Ele é um pioneiro no sentido mais puro da palavra. Não apenas se aventurou corajosamente em um território desconhecido, como perdurou no caminho para inovar e erigir marcos para o benefício daqueles que inevitavelmente o seguirão.

Ironicamente, o antagonismo, real ou imaginado, existente entre Tarô e Psicologia assemelha-se em muitos aspectos às diferenças fundamentais entre o misticismo Oriental e o Ocidental. O místico Oriental, por tradição (e talvez em razão do temperamento), é ensinado a mergulhar para dentro de si em silêncio para conhecer as incontáveis facetas de si em seu próprio território. Além disso, para superar as distrações da mente que impedem essa autocomunhão interna, ele ou ela esforça-se com um fervor meditativo implacável para virtualmente assassinar as harpias do pensamento, criando como se fosse um vácuo para o qual a pura iluminação se precipitará teoricamente.

A mente ocidental, por outro lado, prefere lidar objetivamente com questões subjetivas. Queremos alcançá-las dentro de nós, personificá-las, puxá-las para fora, jogá-las na nossa frente e conversar com elas aqui e agora. Mas lidar objetivamente com as realidades internas é impossível, se a pessoa não conseguir reconhecê-las e se dedicar a elas como tais. Pois que ferramenta seria mais perfeita para fazer uma pergunta do que um baralho de imagens arquetípicas coloridas que podem ser manipuladas à vontade em combinações quase infinitas? Como o autor destaca:

> "Em uma sequência típica de dez cartas, as chances de reproduzir uma duplicação exata são simplesmente surpreendentes, quando se calcula a probabilidade de um baralho de 78 cartas bem diferenciadas. Mas, com o Tarô, uma associação transpessoal influencia igualmente aplicada à individualidade humana e à diferença. Talvez seja por isso que a luz do Tarô brilhe por todos os quadrantes do universo psicológico e pode ser aplicável, em graus variados, a diversas persuasões teóricas.

> A linguagem simbólica do Tarô compacta múltiplos níveis de sentido em cada ilustração de carta e, sincronicamente, logo se aprende que não existem acidentes no Tarô (nem na vida), ou, em outras palavras, os próprios acidentes são inerentemente significativos. Os temas universais da experiência humana se desenrolam na permutação original da matriz do Tarô, refletindo inúmeras variações em mitos comuns, tais como os estágios perenes do sofrimento e da realização humana, as tarefas psicológicas e a exigência do desenvolvimento humano e os mistérios e potenciais do espírito humano".

A obra fundamental de Rosengarten abarca o abismo que se abre entre psicologia e misticismo. Surpreendentemente, ele faz isso sem diminuir nenhuma arte ou ciência; de fato, ambas são imensuravelmente enriquecidas por suas contribuições únicas. É óbvio que esta é uma obra escrita principalmente para a educação contínua de profissionais de saúde mental. (Com certeza, suas notas meticulosas, referências exaustivas, bibliografia e o heroico índice remissivo o distinguem de quase todos os livros sobre Tarô já publicados). No entanto, nós da comunidade metafísica e do Tarô deveríamos receber com especiais gratidão e interesse, pois ele nos oferece um olhar raro e inteiramente novo para uma tradição antiga.

MÚSICA DO TARÔ

ENCARTE DO ÁLBUM DE 1998[77]

Por séculos, as belas e misteriosas imagens do Tarô cativaram a imaginação da Civilização Ocidental. Os exemplos mais antigos datam do século XIV e (acredita-se) foram introduzidos na Europa por ciganos nômades que usavam as 78 cartas como um mecanismo para leitura da sorte. Mas, como alunos modernos descobriram, o Tarô é muito mais do que um jogo de salão; é um livro de histórias pictórico vivo e em desenvolvimento do Divino. Todo o baralho é estruturado e organizado conforme os princípios antigos da Qabalah Hebraica. Cada carta não só representa um aspecto Divino da natureza, mas aciona visualmente o centro psíquico correspondente na consciência humana.

Arcanos Maiores (Os Trunfos)

Parte 1: Do Louco aos Amantes

A sabedoria divina é tolice para nós, mortais. O que fez o Absoluto preexistente abandonar a perfeita alegria do Nada para iniciar a criação? Não conseguimos responder. Apenas sabemos que o Universo se origina do Grande Zero. Apropriadamente, nossa odisseia inicia-se como um bebê em um ovo azul; ou um belo jovem **Louco**, nem masculino nem feminino,

77. Escrito para David e Richard Gordon, *Music of the Tarot*, Sequoia Records, 1998.

olhando sem malícia para o céu antes de cair de um precipício em um vasto abismo. Rolando pelo vazio, o Louco torna-se o Todo, sendo transformado em uma progressão de imagens e personagens arquetípicos.

Assim como o **Mago**, o Todo torna-se a Vontade autoconsciente, direcionada, concentrada. Esse Mago Cósmico funciona como um canal, transferindo aquilo que está acima para aquilo que está embaixo. As armas de sua magia são: a Varinha com a qual ele cria; a Taça com a qual ele preserva; a Adaga com a qual ele destrói; e o Disco com o qual ele redime o mundo. Sua contraparte é a **Suma Sacerdotisa**. Apenas a Deusa Virginal da eternidade é digna de se tornar a Grande Mãe da Fertilidade. Sua verdade casta é de tamanha pureza que pode ser coberta apenas pelas ondulantes ondas da Luz. Assim como o Mago é a Vontade da criação, a Suma Sacerdotisa é a ideia.

A união do Mago com a Suma Sacerdotisa os transforma; ela se transforma na **Imperatriz,** a Grande Mãe Deusa, portal de toda vida; e ele no **Imperador**, Senhor do poder patriarcal, ditador imperioso da energia. Seu casamento com a Imperatriz é de importância capital para a regência do cosmos, pois seu filho, o **Hierofante**, unirá o Macrocosmo (o mundo dos Deuses) com o Microcosmo (o mundo da humanidade). Ele é o "Deus-Homem", símbolo da evolução humana na Nova Era; quando cada um de nós deve ser responsável por nosso próprio destino espiritual. Aquilo que está em cima se une e se harmoniza em cada indivíduo com aquilo que está embaixo. "O amor é o único elo que pode unir os divididos"; na carta dos **Amantes**, todos os personagens anteriores do Tarô concluem sua síntese. O êxtase se dissolve na ilusão da separação; por meio do silêncio estrondoso vem o Oráculo dos Deuses.

Arcanos Maiores (Os Trunfos)

Parte 2: Da Carruagem à Arte

Correndo como um rei triunfante, o Cavaleiro do Santo Graal transmite o precioso segredo da vida em uma **Carruagem** com uma abóbada estrelada. O sangue é a vida, o equivalente cósmico do DNA em desenvolvimento, carregado pelo cocheiro por um mar de gerações infinitas.

O processo da criação encontra o parceiro perfeito na Deusa manifesta do **Ajuste** (Justiça). Com sua balança dourada, ela equilibra todas as energias, forças e princípios; contra a pena de sua verdade perfeita, ela pesa o coração da humanidade.

O **Eremita** fica no topo de sua montanha solitária e concede sua luz ao mundo. É ele também que desce ao submundo do nosso subconsciente e, se permitirmos, ele nos guiará para o paraíso celestial da superconsciência. A partir dessa vantagem espiritual vemos a natureza cíclica da criação, uma dinâmica **Roda da Fortuna**, sempre aumentando, sempre diminuindo. O motor, que gira a roda, é a **Luxúria** (Força) primitiva, indireta da energia solar, simbolizada por uma bela Deusa montada em um grande leão. É ela que agora segura o Santo Graal.

As águas azuis calmas que suspendem o Louco como um bebê também servem para refletir. É você ou é o **Enforcado** que está de ponta-cabeça? Seu sacrifício pessoal não é um caso a se lamentar. A **Morte** é a vida em si. A lagarta morre para virar borboleta; a donzela morre para se tornar a mãe. Sem a Grande Transformadora não pode haver novos inícios.

Um casamento real, a união alquímica dos opostos é celebrada na carta da **Arte** (Temperança). Homem e mulher, Sol e Lua se unem para criar o elixir da vida. O fogo é derramado sobre a água e água sobre o fogo para produzir o selo arco-íris de uma Aliança Divina.

Arcanos Maiores (Os Trunfos)

Parte 3: Do Diabo ao Universo

Toda matéria nasce da mistura das Trevas e da Luz. A aparência temerosa do **Diabo** projeta a ilusão de sermos incorrigivelmente enredados na existência material. Mas o mundo material é nossa escola; não nossa prisão. Ignorância e superstição são os verdadeiros "demônios" que reteriam o espírito humano. Enquanto nossos olhos ficam fechados, permanecemos na escuridão. Velhos medos e atitudes devem ser destruídos, tais como a **Torre** atingida por um raio. Quando a ilusão é aniquilada, a verdadeira meditação pode começar. A iluminação surge de dentro, como a **Estrela** noturna.

Assim como as imagens nos nossos sonhos, a **Lua** é um retrato para nosso inconsciente inconstante. Ela parece brilhar, mas apenas reflete a luz; ela parece mudar de forma, ainda que seja apenas sua posição variável em relação ao **Sol**, o verdadeiro símbolo da Vida, da Lua, do Amor e da Liberdade. Nossos ancestrais, em sua ignorância, viam o Sol como o Deus moribundo, sacrificado diária e anualmente apenas para ressuscitar a cada manhã e a cada primavera. Tão profundamente arraigada estava essa imagem que acreditávamos estar também sujeitos à morte... uma morte que exigia rituais elaborados contínuos para garantir nossa "vida após a morte". Nos baralhos mais antigos de Tarô esse processo era retratado em uma carta intitulada O Último Julgamento. Com o novo **Éon**, no entanto, veio a aurora da nova consciência. Sabemos que o Sol não morre, nem precisa ressuscitar. Noite, inverno e morte são ilusões... uma simples mudança de sombra. Nossa identidade espiritual agora mudou da Terra para o Sol. Como tal, escolhemos o ciclo de Trunfos adotando nosso lugar adequado no **Universo**, dançando como o Louco divino no centro do cinto do Zodíaco, pronto para nos retirarmos, mais uma vez, para o Nada.

Arcanos Menores (Os Quatro Naipes)

Os antigos cabalistas dividiram a criação em quatro níveis descendentes. Cada aspecto da Divindade tem seu lugar adequado na estrutura quádrupla, incluindo personagens celestiais, tais como serafins, querubins, arcanjos, anjos e sim, até os seres humanos. No Tarô, os quatro naipes representam os quatro Mundos Elementais: **Paus** (Fogo), **Copas** (Água), **Espadas** (Ar) e **Discos** ou **Ouros** (Terra). Em cada naipe há um **Cavaleiro**, uma **Rainha,** um **Príncipe** e uma **Princesa**, que representam respectivamente os aspectos do fogo, da água, do ar e da terra de cada naipe. Além dessas cartas da "Corte", cada naipe tem dez cartas numeradas; o Ás é o emblema arquetípico do naipe, e as cartas de dois a dez expõem os trabalhos internos dinâmicos do elemento.

PAUS (Fogo): Representando o mais elevado dos quatro mundos, o naipe de Paus simboliza a Vontade ardente de Deus, fonte de toda a energia e paixão criativa. **Domínio** (2); **Virtude** (3); **Conclusão** (4); **Discórdia** (5); **Vitória** (6); **Valor** (7); **Vivacidade** (8) e **Força** (9) enfim se degeneram na **Opressão** (10) à medida que descemos a escada do mundo de Paus.

COPAS (Água): Como a água, ao mesmo tempo, reflete e absorve a luz, o naipe de Copas recebe a influência de Paus e reflete e nutre seu esplendor. Esse é o coração e a Alma de Deus. **Amor** (2); **Abundância** (3); **Luxo** (4); **Decepção** (5); **Prazer** (6); **Devassidão** (7); **Indolência** (8) e **Felicidade** (9) se dissolvem inquietamente em **Saciedade** (10), conforme o trabalho da Água é completado.

ESPADAS (Ar): Uma espada cortando o ar pode destruir, defender, discriminar, impor julgamento e invocar poderes para o bem ou para o mal. Que melhor símbolo para a sempre criativa Mente de Deus? Até os títulos do naipe de Espadas proclamam os triunfos e as tragédias da mente. **Paz** (2); **Sofrimento** (3); **Trégua** (4); **Derrota** (5); **Ciência** (6); **Futilidade** (7); **Interferência** (8); e **Crueldade** (9) terminam inevitavelmente em **Ruína** (10), se a razão ignorar a influência da vontade e do coração.

DISCOS OU OUROS (Terra): Discos representam o plano material manifestado, o mais inferior dos quatro mundos e fruto visível de sua influência. O dinheiro é um exemplo perfeito do Disco; é uma moeda, a recompensa do trabalho físico (Discos), direcionado pelo processo intelectual (Espadas), inspirado pela visualização criativa (Copas) e motivado pela vontade de conquistar (Paus). Todas as coisas no plano material são o produto desse desenvolvimento quádruplo. **Mudança** (2); **Trabalho** (3); **Poder** (4); **Preocupação** (5); **Sucesso** (6); **Fracasso** (7); **Prudência** (8) **Ganho** (9); e, por fim, **Riqueza** (10) recompensam o viajante corajoso no fim da nossa jornada no Tarô.

Mas a jornada ainda não terminou realmente. O *Tarô,* também escrito como *Tarot*, não é uma escada, mas uma roda... uma *Rota*... uma hélice, uma cobra engolindo sua cauda; perpetuamente começando de novo como um Grande Zero.

Desde o Nada Divino do *Louco* à *Riqueza* infinita do Dez de Ouros – a sequência se repete por toda a eternidade –, pois não é uma Grande Verdade que um *Louco* e seu *Dinheiro* logo se separam?

PARTE 4

MAGIA THELÊMICA

A Lei é para todos.
Faze o que tu queres há de ser o todo da Lei.
Amor é a lei, amor sob vontade.

Vede! Os rituais do passado são negros. Que os maus sejam abandonados; que os bons sejam purgados pelo profeta! Então, esse Conhecimento seguirá com acerto.

A CABALA, MAGIA E THELEMA

Textos Selecionados Vol. II

INTRODUÇÃO À EDIÇÃO DE 2005[78]

Faze o que tu queres há de ser o todo da Lei.

Eu a encontrei pela primeira vez nas primeiras horas envoltas em névoa da manhã de 15 de novembro de 1975 E.V. em um motel em Dublin, Califórnia. Viajara a noite toda de ônibus de Costa Mesa. Não foi uma viagem tranquila. A cada solavanco na estrada, só conseguia pensar na iniciação que estava programada para eu fazer e a circunstância curiosa que me levou a este momento na minha vida.

Foi depois de quase dois anos de cartas manuscritas recebidas e enviadas... cartas solicitando o local, data e hora do meu nascimento, minha biografia, minha educação, minhas aspirações. Finalmente, uma data foi marcada para minha iniciação, e minhas instruções eram claras, simples e completamente assustadoras.

---

78. Escrito para Phyllis Seckler (Soro Meral), editado pelo Dr. David Shoemaker, Gregory Peters e Rorac Johnson, *The Kabbalah, Magick, and Thelema: Selected Writings, vol. II*, York, Maine: The Teitan Press, 2005.

Quando o ônibus se aproximava de Dublin, eu tinha de pedir ao motorista para me deixar em uma intersecção específica perto de um certo motel. Deveria caminhar alguns quarteirões até o motel e me registrar usando meu nome. Se não houvesse nenhum quarto disponível, deveria esperar no saguão. Se houvesse um quarto disponível, deveria entrar lá e aguardar pelo contato. Não tinha nenhuma outra informação – nenhum endereço, nenhum número de telefone –; eu nem sabia os nomes dos meus anfitriões e iniciadores, apenas seus nomes mágicos: *Hymenaeus Alpha, 777* e *Soror Meral.*

Enquanto olhava pela janela do ônibus para a lua fria nascendo sobre o abismo que é o Vale São Joaquim, ocorreu-me que eu poderia ser vítima de um crime – poderia desaparecer da face da Terra –, se meus iniciadores fossem os remanescentes insanos de algum culto canibal satânico de Aleister Crowley –, se eles resolvessem me estuprar, me matar e me comer (algo que eu não estava completamente convencido que fizesse parte do programa), minha pobre esposa não teria nem uma pista para dar à polícia.

Eu não sabia na ocasião, mas Hymenaeus Alpha e Soror Meral tinham suas próprias dúvidas e medos a meu respeito, e que a razão para todo o drama clandestino foi a preocupação bem real de que *eu* poderia ser uma pessoa perigosa. Nos meses anteriores à minha nota de consulta inicial, aconteceram algumas coisas bem assustadoras na Califórnia. As casas de várias pessoas proeminentes, ex-alunos idosos de Aleister Crowley, foram arrombadas, e suas coleções inestimáveis de livros do Crowley e de artigos mágicos foram roubadas.

O sinal de neon na frente do motel brilhava com um receptivo “Há Vagas” e, logo após acordar o gerente e dar entrada, eu me vi deitado confortavelmente em cima de uma cama não tão dura. Peguei no sono na hora e tive o sonho mais perturbador... de velhas com os seios flácidos com cabelos mal tingidos de vermelho, e velhos ingleses priápicos vestidos com calças que imitavam patas de bode esquartejando meu corpo estuprado e assassinado e devorando meus membros com molho de hortelã.

“Lon!”

Eu ouvi claramente a voz de uma mulher me chamando com veemência. Acordei e pulei da cama. "Já vai!", gritei do outro lado da porta. Dei uma ajeitada na minha camisa, enfiei uma bala de hortelã na boca e abri a porta. Não havia ninguém ali. Saí e olhei nas duas direções... ninguém.

Um pouco abalado, voltei para meu quarto e me sentei na beirada da cama. As coisas estavam começando a ficar mágicas de um modo desconfortável. Ouvi aquela voz em alto e bom som com tanta clareza, como se alguém estivesse parado bem na frente da porta. Não sabia se voltava a dormir, mas acabei me deitando de novo. Assim que minha cabeça encostou no travesseiro, o telefone tocou – irritantemente alto. Atendi antes que ele pudesse machucar meus ouvidos pela segunda vez.

"Alô", respondi, quase como uma pergunta.

"Lon DuQuette?", era a voz da mulher que *não* estava à porta. Agora eu não ficaria surpreso com nada que acontecesse.

"Sim".

"Você já comeu?"

Ela não parecia uma canibal.

"Não", admiti. "E você?"

Cerca de 30 minutos depois, uma batida na minha porta me avisou que Soror Meral, em carne e osso, estava na entrada. Quando abri a porta, nós dois demos um suspiro de alívio; eu, porque *ela* não era uma velha de seios flácidos com cabelo mal tingido de vermelho; e ela, porque *eu* não apareci à porta com uma faca e com "Eu sou o Anticristo" tatuado na testa.

Ela me levou para sua casa, um lugar que poderia ser descrito como uma casinha mágica de biscoito de gengibre, cercada por lindos jardins. Os aposentos estavam cheios de arte, livros e móveis confortáveis. Fiquei tão aliviado. Ela era maravilhosa, instruída e sábia. Eu a bombardeei com perguntas, as quais ela respondeu com franqueza.

Nossa conversa naturalmente se voltou para o assunto do *Liber AL vel Legis, O Livro da Lei.* Mais ou menos um ano antes eu tinha seguido as instruções (ou pelo menos era o que achava) apresentadas no Comentário Classe A no texto. Destruí minha primeira cópia do livro após a primeira leitura. Perguntei a ela: "Por que tive de destruir minha cópia do livro depois de lê-lo pela primeira vez?"

Ela respondeu: "Você tem um traço de obediência em si, meu caro. Você vai ter de prestar atenção nisso".

Eu tinha encontrado minha professora.

Phyllis Seckler seria meu contato formal A.·.A.·., e minha querida Irmã na O.T.O., liderada na época por seu então marido Grady Louis McMurtry (Califa Hymenaeus Alpha, 777). Fiz minhas primeiras duas iniciações O.T.O., os Graus Minerval e Primeiro, em sua casa, em Dublin. Logo depois da minha iniciação no Primeiro Grau, escrevi um pequeno poema chamado *Water Closet – Caliph's Advice,* para imortalizar sua resposta à minha pergunta: "Que conselho você daria para um jovem mago iniciando no caminho?"

Ele respondeu com um tom galanteador em sua voz: "Fiz essa mesma pergunta ao Crowley na primeira vez que o encontrei. Ele apenas disse: 'Tente visitar o banheiro sempre que puder. Nunca se sabe quando você terá a chance de novo'".

Phyllis foi muito gentil em publicar meu poema em uma edição de sua maravilhosa revista *In The Continuum.* Temo que o poema possa não fazer muito sentido para aqueles não familiarizados com os Graus do Homem da Terra da O.T.O., mas, para aqueles que são, espero que gostem.

Amor é a lei, amor sob vontade.

Banheiro (Conselho do Califa)
Lon Milo DuQuette (agosto de 1976)

Adeptos e Mahatmas

Dançam no sentido anti-horário
No estilo do Demônio, da Besta, e de Oz.

O dia de um aspirante misteriosamente começa
Com uma visita ao banheiro.

Indicador na narina esquerda

Polegar na outra.

Ele expira o ar e o puxa para si.

Com o gotejar pós-nasal, o pranayama é ótimo,

Enquanto está sentado no banheiro.

Na Missa 44
Inflamado, ele reza
Com tamanha intensidade que teve de fazer um curativo.
Um conforto saber
Que reparos podem ser feitos
Com uma visita ao banheiro.

O Enforcado, a Arca de Noé, Osíris e Set
Efeito e todas as coisas que o causam.
O quanto se parece com o nascimento, o quanto se parece muito com a morte
É uma visita ao banheiro.

GRIMÓRIO DE THELEMA

Prefácio para a Edição de 2011[79]

Faze o que tu queres há de ser o todo da Lei.

Magia é uma arte solitária. Deve ser assim, porque, no fim, cada um de nós é um universo em si. O "seja lá o que for que nós somos" era sozinho quando encarnou nessa dimensão corpórea; e estará sozinho no instante em que nos livrarmos do fardo mortal. Mas, enquanto lidamos com os tique-taques rítmicos do espaço-tempo *deste* lado dos pilares de nascimento e morte, nosso "seja lá o que for que nós somos" é cercado e atacado por um vasto grupo de outros "seja já lá o que for que nós somos" – outras mônadas de consciência que também são universos em si –, e alguns desses outros universos são colegas magos.

A magia é também (antes de tudo) uma arte autotransformadora. O mago pode ter a intenção de efetuar mudanças nas circunstâncias externas da sua vida, isto é, "Quero que minha vizinha se apaixone por mim...", mas o sucesso de qualquer operação mágica planejada para provocar esse resultado romântico será, sem dúvida, em grande parte, consequência do *mago sendo transformado* no tipo de pessoa pela qual a vizinha se apaixona.

---

79. Escrito para Rodney Orpheus, *Grimoire of Thelema,* Stockholm: Abrahadabra Press, 2011.

Tenho certeza de que há magos instruídos e habilidosos que discordarão da minha declaração radical de que *a única coisa que posso mudar com a Magia é a mim mesmo.* É claro que essa é uma declaração impossível de se provar ou contestar e, francamente, não estou disposto nem motivado a tentar. Não estou tentando estabelecer nem defender uma doutrina mágica. Simplesmente sei disso por mim – nesse período da minha vida – nesse momento na minha carreira mágica –; *eu* sou a coisa que mais precisa mudar no meu mundo.

Tenho de confessar que a perspectiva de a magia ser uma forma de evolução pessoal conscientemente direcionada não foi o que a princípio me atraiu para a arte, há tantos anos. Naturalmente, disse a mim mesmo que eu fazia tudo isso para ganhar iluminação – para conquistar liberação espiritual, mas, na verdade, foi o fascínio de usar um manto negro com capuz e caminhar em templos escurecidos brandindo minha varinha e minha espada contra demônios terríveis curvando-se em espantosa obediência diante da minha aptidão.

Cara! Ia ser muito *legal* se eu fizesse isso!

Não importa o quão nobres e altruístas fossem minhas pretensões conscientes, pois, no fundo, Lon Milo DuQuette (o mago pós-adolescente) desejava o poder – o poder para dominar as circunstâncias cruéis e caóticas da minha vida – poder para corrigir os erros que eu testemunhava no mundo ao meu redor – poder para esclarecer as coisas e colocá-las em harmonia com minha própria visão (obviamente *já esclarecida*) de saberes absolutos pessoais, morais, sociais, políticos e espirituais.

Por mais comicamente iludido que eu pudesse estar, é claro que não tem nada fundamentalmente errado com um idealismo tão jovial e militante quanto esse – não tem nada errado com querer mudar o mundo para o melhor e começar a trabalhar para fazer exatamente isso. Acho que a maior falha na minha estratégia ambiciosa foi que eu ignorava o fato de que, para usar magia e começar a fazer essas mudanças, eu deveria primeiro me transformar em um mago real. Para minha sorte, logo no início da minha carreira, fiquei sob a influência e a tutela de magos que, em cada um dos seus jeitos únicos (seja por um exemplo positivo, seja por um exemplo negativo ou advertência), garantiram que eu nunca esquecesse esse fato fundamental da vida.

Em primeiro lugar, entre meus mentores superiores estavam Phyllis Secker (Soror Meral), Grady L. McMurtry (Hymenaeus Alpha, 777), Helen Parsons-Smith (Soror Grimaud), e Francis (Israel) Regardie. Pessoas queridas e já falecidas.

McMurtry e Regardie treinaram diretamente com Aleister Crowley, e Seckler foi discípulo de Jane Wolf, aluna de Crowley e antiga residente da famosa *Abadia de Thelema,* de Crowley, na Sicília. Parsons-Smith foi viúva tanto de Jack Parsons (o famoso mago e cientista de foguetes) quanto de Wilfred P. Smith – ambos foram, em momentos diferentes, Mestres da Loja Ágape, O.T.O., no sul da Califórnia.

Essas pessoas fascinantes não me deixaram ficar totalmente sozinho nos primeiros anos da minha busca. Graças aos seus esforços (e muitas vezes *apesar* deles), fui batizado na pira mágica da Thelema, em meados dos anos 1970. Com seu encorajamento, cinismo e orientação, iniciei formalmente as disciplinas das Ordens mágicas de Crowley, a A.·.A.·. e a *Ordo Templi Orients.*

Meu trabalho na A.·.A.·. começou sob a orientação de Seckler e foi (ou deveria ter sido) um assunto totalmente privado. Minha experiência na O.T.O., por outro lado, exigiu que eu trabalhasse de uma forma mais pública e com outros magos por todo o mundo – às vezes muitos outros magos. Na verdade, um aspecto importante do currículo mágico da O.T.O. é o desenvolvimento da habilidade individual do mago para trabalhar em equipe (e *sobreviver*) nas complexidades de uma sociedade organizada de uma forma única, povoada por um elenco de magos de militância independente (alguns dos quais são tão intratáveis, imperfeitos e falhos, como eu!). É uma parte muito importante do treinamento mágico de um iniciado na O.T.O.

Como se poderia esperar, Crowley não facilitou no ordálio da O.T.O. Na verdade, eu soube de mais magos promissores arruinados nos obstáculos dos desafios sociais da Ordem do que por qualquer outra razão. Na maioria das vezes, no entanto, eu costumava conseguir enxergar a sabedoria e a genialidade do processo de exame mágico de Crowley.

Se eles estabeleceram ou não um relacionamento na A.:.A.:. formal, grande parte dos iniciados na O.T.O., e outros que se consideram magos thelemitas, embarcam no estudo e na prática dos vários rituais desenvolvidos por Crowley para a edificação dos magos da A.:. A.:. A prática sistemática desses rituais em relação à ascensão iniciática pessoal do mago na *Árvore da Vida* da consciência costuma ser vista nos círculos thelemitas como "fazer o trabalho".

O trabalho está certamente lá para ser feito. Os rituais e alguns comentários estão publicados em uma infinidade de fontes. Uma das melhores coleções é encontrada no magnificamente pesado *Liber ABA, Book IV,*[80] mas, por muitos anos, a maioria contava quase exclusivamente com esses "Libers", livros sagrados ritualísticos, que apareciam nos Apêndices do livro *Magick in Theory and Practice.*[81]

Armados com pouco mais do que esses livros sagrados e o quadro de referência da *Árvore da Vida*, quatro gerações de magos partiram sozinhos no caminho thelemita do retorno; dissecando, cruzando referências e tentando entender as desconcertantes sutilezas do pensamento em desenvolvimento de Crowley, e então tentando transferir essa compreensão para o ambiente do templo em cerimônias coerentes, que podem ser desempenhadas por uma pessoa (e para o benefício dela). Dizer que é um desafio ao mago solitário seria um eufemismo brutal.

Sim. A magia é uma arte solitária. Mas ela precisa ser sempre assim *tão* solitária? Creio que não – e nem meu Irmão Rodney Orpheus. As pessoas – até mesmo os magos – às vezes precisam de outras pessoas. Há momentos na minha vida em que não sei *o que* sou, *onde* estou ou *quem* sou, a menos que eu consiga me ver momentaneamente refletido nas almas dos outros ao meu redor.

O termo "ritual de grupo thelemita" pode soar como um oxímoro, mas não precisa *ser* um. Como revela o Irmão Orpheus, muitos dos rituais mais importantes de Crowley começaram como operações de grupo. Para mim, é de uma ajuda profunda (às vezes até necessidade) ver

80. Aleister Crowley com Mary Desti & Leila Waddell. *Magick – Liber ABA – Book IV,* York Beach, Maine: Weiser Books, Inc., segunda edição revisada, 1997.

81. Aleister Crowley – *Magick in Theory and Practice*, Paris: Lecram Press, 1929. Reimpressão, New York: Magickal Childe Publications, 1990.

a dinâmica complexa dos meus próprios mecanismos mágicos internos retratada como diferentes "oficiais" em um ritual. Eu posso, e, é claro, *devo* acabar integrando todos esses oficiais em mim, mas primeiro preciso saber quem eles são, o que fazem e o que significam para mim. Isso é feito com mais facilidade e elegância vendo-os operar em uma peça de teatro grupal.

Dei uma olhada nos tratamentos grupais que Rodney fez do *Ritual da Marca da Besta* e da *Invocação de Hórus* e fiquei grudado na minha cadeira, atordoado de admiração: "Meus deuses! Por que ninguém fez isso antes?" Isso poderia soar como uma pergunta retórica, mas, na verdade, ela tem sim uma resposta. O motivo pelo qual ninguém fez isso antes é porque há atualmente pouquíssimos indivíduos vivos qualificados, por educação e experiência, para fazer isso, e ainda menos com talento na escrita e habilidades de comunicação para trazer isso tudo à vida na página impressa. O Irmão Orpheus é a encarnação desses dois aspectos da genialidade. Esteja ele expandindo os rituais clássicos de Crowley ou criando e desenvolvendo suas próprias cerimônias thelemitas, o leitor mágico pode confiar que está em boas mãos.

A magia pode ser uma arte solitária, mas isso não significa quc dcvamos estar sempre sozinhos na nossa jornada – e isso não significa que nem sempre precisaremos de amigos.

Amor é a lei, amor sob vontade.

ABRACADABRA

Compreensão da Magia Thelêmica de Aleister Crowley

Prefácio à Edição de 2005[82]

Faze o que tu queres há de ser o todo da Lei.

Primeiro, deixe-me dizer que esta é a segunda versão deste prefácio que escrevi para esta nova edição de *Abrahadabra.* Após ler minha primeira tentativa, o autor (falando com a voz da candura reservada exclusivamente para o melhor dos amigos e o mais cruel dos inimigos) lamentou que era uma "biografia resumida" de Aleister Crowley que errava o alvo totalmente. Embora eu permaneça firme na minha crença de que era uma "biografia resumida" boa pra caramba, devo confessar que vejo a sensatez de suas críticas.

"*Abrahadabra* não é sobre Aleister Crowley e não deve ser influenciado por sua história, reputação ou personalidade. *Abrahadabra* é sobre a *prática* da magia de Thelema – um sistema de treinamento e disciplina física, mental e espiritual baseado em dois princípios fundamentais: *Faze o que tu queres há de ser o todo da Lei. Amor é a lei, amor sob vontade*".

---

82. Escrito para Rodney Orpheus, *Abrahadabra: Understanding Aleister Crowley's Thelemic Magic,* Newburyport, Massachusetts: Weiser Books, 2005. Publicado pela primeira vez pela Looking Glass Press, Stockholm, 1995.

Ao escrever este livro, o autor revela (admitindo ou não) sua compreensão profunda do *"Faze"* em "Faze o que tu queres..." e desafia e inspira o leitor a compartilhar seu comprometimento com a ação, em vez do argumento; façanhas, em vez de banalidades; experiências, em vez de teorias.

Ele tem bastante sucesso nisso. Contudo, fracassa em manter sua própria personalidade fora do texto – por isso, o leitor deve ser profundamente grato. Seu estilo casual e bem-humorado serve para diminuir a pressão sanguínea e faz o leitor se identificar imediatamente em um nível pessoal com seus pensamentos, atitudes e conclusões.

É necessário um tipo particular (alguns diriam peculiar) de indivíduo para escrever sem pretensão nem hipocrisia sobre os aspectos práticos da magia thelemita. Rodney Orpheus, ao contrário de muitos ocultistas praticantes (e publicados), tem uma vida. Ele é astro do rock, cantor, empresário e um oficial de alto Grau de uma das mais reverenciadas e influentes sociedades mágicas do mundo. Sua vida, no entanto, não gira em torno dessas múltiplas facetas do Rodney. No verdadeiro estilo thelemita, cada uma delas gira em torno *dele*. Então, seria para todos que trilham o caminho de Thelema, um caminho no qual o indivíduo e sua verdadeira Vontade são o foco do Grande Trabalho.

Mas, onde começa o "trabalho" do Grande Trabalho? Sem algum tipo de guia de estudo e prática para iniciantes da Magia Thelemita, é como tentar aprender a nadar pulando na parte funda da piscina e fazendo tudo o que tiver de fazer para não se afogar. Muitos fizeram exatamente isso, e (sobrevivendo ao ordálio e à natureza humana sendo o que é) carregam a atitude machista de: "Como fiz do jeito mais difícil, todo mundo deveria fazer também". Essa atitude é, para citar o psicólogo da Nova Era, de Al Franken, Stuart Smalley, apenas um *'pensamento derrotista'*.

Sempre haverá ordálios (com ou sem manuais úteis como esse), e ninguém pode se atrever a julgar as circunstâncias da vida mágica de outra pessoa. O sr. Orpheus teve o benefício da vida na Ordem Sagrada e a mentoria de instrutores iniciados. Até com essas vantagens invejáveis, tenho certeza de que ele será o primeiro a admitir que seus primeiros estudos e práticas foram importunados desnecessariamente por uma confusão morosa em relação a como proceder melhor.

Abrahadabra – a Beginner's Guide to Thelemic Magick[83] é um presente precioso a todos que quiserem embarcar imediatamente nas práticas fundamentais e meditações da Magia Thelemita e se assegurarem que suas carreiras mágicas sejam construídas sobre uma fundação firme e equilibrada. Estou contente por vê-lo aparecer nesta nova edição.

Amor é a lei, amor sob vontade.

83. Depois recebeu o subtítulo *Understanding Aleister Crowley's Thelemic Magic.*

THELEMA

Uma Introdução à Vida, Obra e Filosofia de Aleister Crowley

INTRODUÇÃO À EDIÇÃO DE 2018[84]

"Então, disse o profeta e escravo do belo: Quem sou eu, e qual será o sinal? Então ela lhe respondeu, curvando-se, uma chama azul bruxuleante, que tudo toca, tudo penetra, suas mãos adoráveis na terra negra, e seu corpo flexível arqueado por amor, e seus pés macios não pisam nas pequenas flores: Tu sabias! E o sinal deverá ser meu êxtase, a consciência da continuidade da existência, a onipresença do meu corpo."

LIBER AL VEL LEGIS, I. V. 26.

Faze o que tu queres há de ser o todo da Lei.

Aleister Crowley faleceu em 1947, aos 72 anos. O paradeiro de suas cinzas permanece um mistério. Vinte anos depois de sua morte, seu nome e suas vultosas obras continuam desconhecidos do grande público. Ele era lido e apreciado por apenas um pequeno bando de antigos

---

84. Escrito para Collin D. Campbell, *Thelema: An Introduction to the Life, Work, and Philosophy of Aleister Crowley,* Woodbury, Minnesota: Llewellyn Publications, 2018.

discípulos, artistas boêmios e um punhado de pensadores revolucionários. Então, em 1º de junho de 1967, o rosto inconfundível de Crowley apareceu (nos observando por entre os rostos do homem santo indiano, Swami Sri Yukteswar, e da deusa do sexo, Mae West), no (então) mais ansiosamente aguardado *objeto d'arte* no planeta – a capa do álbum do LP mais novo dos Beatles, *Sgt. Pepper's Lonely Hearts Club Band.*

A ilustração da capa foi a criação do artista Peter Blake, que quis cercar a banda com o que chamava de "um grupo mágico". A inclusão de Swami Yukteswar, Paramahansa Yogananda, e outros iogues hindus, foi ideia de George Harrison. Entre os personagens de que John Lennon "gostava" estava o poeta e "homem mais maligno do mundo", Aleister Crowley.

Não me entenda mal. Não estou sugerindo que os Beatles ou Peter Blake foram diretamente responsáveis pelas revoltas espirituais e culturais dos anos 1960, ou as tempestades que ainda ecoam (ativa ou reativamente) no caótico mundo atual. Nem estou sugerindo que John Lennon ou Peter Blake deveriam ser destacados e creditados por despertar o ressurgimento do interesse e da apreciação por Aleister Crowley, Thelema, magia ou qualquer um dos movimentos espirituais progressivos que continuam a proliferar hoje. Assim como todos os grandes artistas, em momentos fundamentais na história, esses pioneiros sensíveis estavam apenas entre os primeiros a reagir e a responder aos efeitos de uma mudança dramática na consciência humana.

De forma consciente ou inconsciente, seus trabalhos deram voz à nova realidade. A arte que eles e seus contemporâneos criaram durantes esses anos dourados badalava como um sino poderoso, que vibrava com a "nota" dominante dessa nova consciência universal. Uma nota que soava como um sinal de transmissão, que provocou respostas solidárias nos corações e nas almas de todos os que estivessem equilibrados e maduros para o despertar.

O conceito de mudanças evolutivas na consciência não é novo. Quase toda cultura antiga tinha sua versão das "eras" (isto é, a era dourada, na qual a humanidade *caminhava com os deuses*, ou a era das trevas, na qual os *deuses nos abandonaram*). Os hindus chamavam as várias eras de "Yugas",[85] com previsíveis ascensão e queda em ciclos de milhares de milênios, conforme todo nosso sistema solar se inclina ao redor do centro galáctico em uma enorme órbita elíptica.

Os astrólogos têm sua própria versão dos ciclos cósmicos, baseados no aparente movimento retrógrado dos signos do zodíaco, relativos à posição do Sol nascente no equinócio de primavera. Levam 2.160 anos para percorrer um signo completo, e a maioria dos astrólogos computa que passamos recentemente (ou logo passaremos) da *Era astrológica de Peixes* para a *Era de Aquário.*

Agora, você pode achar estranho eu começar essas palavras introdutórias ao maravilhoso livro do sr. Campbell sobre *Thelema* falando sobre astros do pop de 1960 e teorias de astrologia hindus, mas (na *minha* mente, pelo menos) isso ilustra o mais importante, a primeira coisa a entender quando se tenta compreender o sentido e a importância de Thelema; isto é, se alguns de nós estão cientes de fato dela ou não, nos últimos cem anos ou mais houve uma mudança profunda e dramática (avanço; transformação; mutação; melhoria; metamorfose; transfiguração; transição súbita; ajuste de foco) na consciência humana. Agora, estamos todos funcionando em uma realidade totalmente nova e diferente daquela na qual nossos antepassados recentes funcionavam. As antigas formas de fazer negócios em todos os níveis das nossas vidas nunca mais funcionarão exatamente como antes.

Não é apenas o fato de que nossos gostos mudaram; ou que ouvimos música ou apreciamos arte de uma forma diferente; não é apenas o fato de que nossa compreensão da matemática explodiu *internamente* em níveis quânticos irracionais, ou que nossa compreensão da astronomia explodiu *externamente* e apagou todas as antigas limitações temporais e dimensionais; não é apenas o fato de que muitos dos mais afortunados entre nós têm um estoque de 10 mil anos de conhecimento humano nas pontas dos nossos dedos eletrônicos, ou que

85. Não consigo resistir em destacar uma coincidência incrível. Um dos especialistas hindus mais respeitados nos Yugas era Swami Sri Yukteswar, o homem posicionado ao lado de Aleister Crowley na capa do Sgt. Pepper's Lonely Hearts Club Band.

muitos de nós agora estamos acostumados rotineiramente a liberdades educacionais, sociais e econômicas. Não. Todas essas coisas são meros sintomas e subprodutos de um novo *fator* essencial na grande fórmula da consciência humana. O novo fator não é nada complexo ou particularmente esotérico. É, no entanto, significativo o bastante para causar uma nova mutação no DNA da nossa consciência. O novo fator é simplesmente:

Um novo nível de autoconsciência.

Isso poderia não soar muito *sensual* ou dramático, mas, nessa *nova realidade, nada* poderia ser *mais sensual* ou dramático. Esse novo despertar é irresistivelmente simples e fundamental. Mas, como o vento invisível, conhecemos sua existência apenas pelos efeitos que têm em outras coisas. É bem difícil fazer observações sobre autoconsciência, porque o observador é o objeto sendo observado. Na verdade, a coisa toda é mais simples do que parece. Deixe-me oferecer uma ilustração das mudanças na autoconsciência.

Nossos antepassados bem antigos, ainda que estivessem cientes do dia e da noite, da luz e da escuridão, do calor e do frio, do conforto e do desconforto, focavam principalmente em questões do dia a dia, momento a momento, de autopreservação imediata. Todas as atividades humanas, sejam elas conscientes ou instintivas, giravam em torno da preservação do corpo por meio da proteção, nutrição e perpetuação biológica das espécies. Todas as outras observações ou especulações sobre a vida ou o mundo ao nosso redor foram projetadas contra a tela dessa realidade e interpretadas para satisfazer essas necessidades imediatas. Tudo a respeito das nossas vidas conscientes e subconscientes antepassadas (expressões e conceitos religiosos, deuses, espíritos, mitos, rituais, até mesmo a arte) era interpretado pela identidade própria de uma criatura competindo com outras por alimento e sobrevivência.

Os "Deuses" metafóricos que visivelmente regiam esse nível de realidade de consciência eram a própria Terra, e o equivalente humano da Terra, a Mulher, especialmente, a Mãe. Crowley chamou essa fase de consciência evolutiva de *Éon de Ísis*, em homenagem à grande Deusa Mãe Egípcia.

Em dado momento, quando nossa compreensão do mundo ao nosso redor aumentou um pouco, nossa autoconsciência mudou e recebeu um ajuste fino. Começamos a nos ver como habitantes de um ambiente mais complexo e surpreendente, que poderíamos, em parte, administrar e controlar. Não nos vimos mais apenas como outra criatura competidora, mas como uma criatura dominante, que poderia explorar outras criaturas e nosso meio ambiente. Se estivéssemos com frio, poderíamos construir ou até viajar para terras mais quentes. Se tivéssemos fome, poderíamos cultivar plantas, em vez de coletá-las. Poderíamos domesticar e criar animais, em vez de caçá-los. Nossos olhos se voltaram para o céu e ficou evidente que o Sol fazia as plantas crescerem, e atraía animais para virem comer as plantas. O verão e o inverno eram eventos provocados pelo Sol, com os quais se precisava lidar. Deuses e religiões evoluíram para acomodar a nova realidade – a nova identidade própria. A existência era vista agora como uma parceria entre Sol e Terra, pai e mãe.

Mas, com esse despertar, veio a nova fórmula de mistério – a fórmula de um Sol que morre a cada dia, e quase morre a cada inverno. E essa nova fórmula trouxe consigo nossa terrível preocupação com a morte. As plantas morrem, e as sementes mortas são enterradas e depois renascem por magia; o Sol morre e precisa ser ressuscitado por magia; portanto, segue-se que *eu* morro e precisarei ser trazido de volta à vida por magia.

Crowley chamou essa fase da consciência evolutiva de *Éon de Osíris*, em homenagem ao grande Deus egípcio da Morte e da Ressurreição. É uma fórmula baseada na nossa identidade própria com o Sol, que morre e renasce por magia. É o nível de consciência que moldou a realidade dos nossos antepassados mais recentes – sua religião, política, guerra, cultura, arte, literatura, e a própria civilização – tudo.

Tudo que mudou. Embora os restos decadentes e zumbis do Éon de Osíris provavelmente nos assombrem em um futuro próximo, surgiu uma nova era. Crowley chamou essa nova fase da consciência evolutiva de *Éon de Hórus*, filho de Ísis e Osíris. Em vez de nossa realidade consciente surgir da necessidade de nutrição (como no Éon de Ísis), ou nossa obsessão com superar a morte (como no Éon de Osíris), agora apenas *crescemos* – tão natural, inocente e alegremente como uma criança – uma criança que não aceitará limites ao seu crescimento potencial.

Por mais inacreditavelmente simples que isso pareça, o fator que caracteriza a essência da nossa nova identidade própria... o fator que caracteriza nosso novo nível de consciência é nossa observação universalmente aceita de que o *Sol não morre.* Ele brilha eternamente. Essa realidade nova e simples aprimorou permanentemente o sistema operacional da consciência humana. O Sol não morre. Nós não morremos. O Sol brilha eternamente – nós brilhamos eternamente. Funcionamos agora como uma unidade de autoconsciência que, bem lá no fundo, sabe que *não morre* – que sabe que não existe um botão de desligar – que sabe que sempre estivemos *ligados* e sempre estaremos.

No Éon de Hórus, a vida eterna é agora compreendida simplesmente como "a consciência da continuidade da existência".

Assim como o Tao misterioso de Lao Tzu, Thelema desafia a definição objetiva.

É uma Filosofia? Embora haja nuances filosóficas em Thelema, ela é maior do que a filosofia. Mas, se fôssemos tentar explicar Thelema para alguém que precisa abordar as coisas de um ângulo filosófico, poderíamos dizer: "Thelema é uma filosofia racional de autossuficiência espiritual".

É uma religião? Embora haja formas infinitas de incorporar sua compreensão de Thelema em formas de expressão religiosa, Thelema é maior do que a religião. Mas, se fôssemos tentar explicar Thelema para alguém que precisa abordar as coisas de um ângulo religioso clássico, nós poderíamos dizer: "Thelema é uma religião racional de culto ao Sol... se você definir a palavra "Sol" como também significando *você mesmo.*

É um sistema mágico? Embora muitos magos se considerem Thelemitas, ela é maior do que qualquer sistema, técnica ou estudo específicos. De fato, uma vez que a pessoa está ajustada confortavelmente ao novo nível de autoconsciência, Thelema serve apenas para intensificar, energizar e hibridizar quaisquer sistemas filosóficos, religiosos ou mágicos, ou escolas de pensamento que você valorizar.

Thelema seria as sociedades mágicas de Crowley, O.T.O. e A∴A∴? Embora essas duas organizações propaguem a "Lei de Thelema" e os ensinamentos de Aleister, Thelema é maior do que qualquer organização, ordem ou escola de instrução. Para falar a verdade, Thelema é maior do que *O Livro da Lei*, ou Aleister Crowley, ou qualquer coisa na Terra ou no Céu... menos *você*.

Amor é a Lei, amor sob vontade.

EM BUSCA DO ANJO

Um Relato da Operação Abramelin

Um Trabalho de Seis Meses para Conquistar Conhecimento e Conversa com o Santo Anjo Guardião

---

Prefácio à edição de 2011[86]

Conhecimento e conversa com o Santo Anjo Guardião é o principal objetivo do mago cerimonial e deve ser atingido antes de quaisquer outros atos mágicos significativos serem efetuados.

O Santo Anjo Guardião (o Amante Secreto) será o professor, o amante, o mentor e o guia do mago pelos níveis mais elevados de iniciação.

Considerando-se um mago cerimonial ou não, fato é que a experiência acima, não importa como seja chamada, é um pré-requisito para a liberação espiritual completa.[87]

---

86. Escrito para Marcus Katz, *After the Angel, An Account of the Abramelin Operation,* New York: Forge Press, 2011.
87. DuQuette, Lon Milo, e Hyatt, Christopher S. *Sex, Magic, Tantra & Tarot: The Way of the Secret Lover,* Las Vegas, Nevada: New Falcon Publications, 1991: 3ª edição revisada e expandida, 2008, p. 13.

Em 11 de julho de 1969, comemorei meu 21º aniversário, ficando deliciosamente chapado com haxixe afegão com meu amigo e parceiro de composição, Charley D. Harris.[88] A ocasião foi duplamente comemorativa, porque tínhamos acabado de assinar um novo contrato de gravação com a Epic Records e estávamos preparando material para um segundo *single* e um álbum para uma gravadora de prestígio – um trabalho que nós tínhamos certeza de que nos traria a fama e a fortuna que acreditávamos que tanto merecíamos.

Charley e eu não éramos apenas projetos de astros do rock; pelo menos não na nossa cabeça. Não. Nós nos víamos como trovadores da consciência cósmica, bardos mágicos, músicos místicos, poetas *hippies* psicodélicos surfando o *tsunami* da consciência cultural criada pelos santos padroeiros da nossa geração – Bob Dylan, dr. Timothy Leary e os Beatles. Até mesmo nossas tolas canções de amor foram escritas como hinos levemente velados à divindade transcendente. Nesse momento doce e inocente da nossa juventude, não reconhecíamos limites para nossa magia; e sem conhecer limites, não *havia* nenhum.

Com uma bravata curiosamente sem ego, resolvemos compor uma nova música naquela hora. Eu me inclinei sobre minha adorada Gibson B-45 de 12 cordas e peguei um "Dicionário de Ocultismo" na estante, fechei meus olhos, o abri em uma página aleatória e, de olhos fechados, apontei para um ponto da página. Ele pairou sobre as palavras "Inner Man" [Homem Interior]. Três tigelas de haxixe depois, nós tínhamos nossa música:

Bem dentro de você
Suavemente ouça-me cantar
Encontre-me, se quiser
Eu nunca não fui nada
E sempre serei

Tudo no Tudo e o Tudo em Tudo
Sou o Homem Interior

88. Charles Dennis Harris, 1941-2016, (vulgo Charley Packard).

Tudo no Tudo e o Todo em Tudo
Sou o Homem Interior

Veja como cada noite torna-se dia
Nascido a cada nova aurora
A Morte não pode levar o Homem Interior
É assim que a vida continua.

Tudo no Tudo e o Tudo em Tudo
Sou o Homem Interior
Tudo no Tudo e o Tudo em Tudo
Sou o Homem Interior

E quando você encontrar o Homem Interior
Seguindo em sua jornada
Sorrindo, você encontra aquele para dizer
Sempre foi você

Tudo no Tudo e o Tudo em Tudo
Sou o Homem Interior
Tudo no Tudo e o Tudo em Tudo
Sou o Homem Interior.[89]

Nossa letra não veio das profundezas de algumas experiências de vida construtora de caráter ou traumas místicos profundos. Essas aventuras terríveis ainda nos aguardavam no futuro. Mas creio que, apesar disso, nós estávamos ligados a algo bem real – algo muito importante (além daquele excelente haxixe).

Nossa música era um clichê cafona; ingênua e pretensiosa. Mas, para falar a verdade, lendo essa letra 42 anos depois, a mensagem ainda me impressiona. Na verdade, sou pressionado a pensar em um resumo mais conciso da experiência espiritual inefável (acontecimento-fenômeno-iluminação), que é o tópico do extraordinário livro do sr. Katz.

89. *Inner Man.* Do álbum, *Charley D & Milo,* (Epic Records, 1970). Letra e música de Lon Milo DuQuette e Charles D. Harris, BMI, 1970.

O Conhecimento e a Conversa com o Santo Anjo Guardião (C&C com o SAG) é uma expressão que parece tola para um evento espiritual sério. Uma pessoa fica quase constrangida em dizer as palavras enquanto discute o assunto com pessoas não familiarizadas com a história esotérica do *The Book of The Sacred Magic of Abramelin the Mage as Delivered by Abraham the Jew Unto His Son Lamech – A Grimoire of the Fifteenth Century,*[90] a Aurora Dourada, ou as obras de Aleister Crowley. Não é exatamente o mesmo "Anjo da Guarda" a quem as criancinhas católicas dedicam suas orações na hora de dormir... ou é?

A operação mágica intensa e heroica que o sr. Katz realizou e descreve com tanta habilidade em seu livro foi criada pelo mago Abraham de Worms (c.1362-1558), para desencadear uma experiência mística tangível e objetiva – um momento de arregalar os olhos de união eufórica ainda mais real, memorável e transformadora do que o primeiro beijo adolescente carregado de romantismo. É a *realização máxima a ser devotamente desejada.* De acordo com a teoria de Abraham, em certo sentido, cada um de nós somos um ser humano *inacabado* (uma princesa adormecida), até sermos *beijados* por (nos unirmos com) nosso príncipe em busca (o SAG). O SAG, por outro lado, permanece um ser espiritual inacabado (um príncipe que só será rei se casar com uma princesa).

É claro que todo o elenco de personagens desse conto de fadas é apenas uma metáfora para níveis de consciência e a mecânica da nossa *identidade* em evolução com esses níveis de consciência. Mas princesas adormecidas e príncipes vigorosos, reis e rainhas e beijos para despertar e casamentos e bebês são metáforas *boas pra caramba* para esse processo; porque a chave que mantém tudo junto ... de fato, a chave para a própria natureza da consciência, do ferro e da rocha, à luz, à energia e à própria divindade, é o *Amor.*

Mas é amor, como os Beatles cantavam, realmente "Tudo de que você precisa?" No meu livro, *Ask Baba Lon: Answers to Questions of Life and Magick,*[91] tento responder à pergunta: "Qual é a forma mais rápida de se unir com o SAG?".

90. Abraham of Worms. *The Book of the Sacred Magic of Abramelin the Mage,* traduzido por S. L. MacGregor Mathers, New York: Dover, 1975.
91. DuQuette, Lon Milo, *Ask Baba Lon: Answers to Questions of Life and Magick.* Las Vegas: New Falcon Publications, 2011.

"O Conhecimento e a Conversa com o Santo Anjo Guardião é uma coisa de amor. Trabalhe no desenvolvimento da habilidade de se apaixonar perdida, alegre e ardentemente por DEUS (ou seja qual for sua divindade suprema). Cada um de nós já está tentando se unir com nosso SAG cada vez que nos apaixonamos por alguém ou algo. Na verdade, não estamos nos apaixonando pela pessoa ou pelo objeto da nossa devoção, mas sim por um ideal apurado (algo ao qual nenhuma pessoa ou coisa poderia corresponder). Esse ideal é o Anjo. Na verdade, esse ideal aperfeiçoado somos nós (um fato que descobriremos quando nos unirmos ao Anjo).

Até então, já estamos bem armados com a única ferramenta de que precisamos para atrair o Anjo para nós: uma ingenuidade romântica insana intensa; uma devoção tão arrebatadora que nos constrangeria demais se não estivéssemos tão cegos pelo Amor..."[92]

A operação Abramelin serve para desenvolver sistematicamente os músculos devocionais do mago de um modo relativamente seguro e equilibrado; um processo ao qual (no caso dos ocidentais) nem sempre é fácil nos entregarmos. Na verdade, a operação parece criada engenhosamente para enganar gradativamente a mente racional para se render à sua soberania... pelo menos por tempo suficiente para se tornar irracionalmente aberta ao influxo da consciência divina. Algo especialmente precioso sobre como o sr. Katz aplicou a operação Abramelin à sua própria vida, é a forma na qual ele realizou seu "retiro mágico" em meio às distrações e à multidão enlouquecedora do seu mundo cotidiano/rotineiro. Creio que ele consegue encontrar esse equilíbrio delicado tão necessário se a pessoa quiser ascender a níveis de consciência celestiais, ao mesmo tempo em que não abandona prematuramente as responsabilidades e oportunidades da encarnação.

92. *Ibid.* 126.

É justo o mago perguntar: "Qual dever da encarnação poderia ser mais importante do que o Conhecimento e a Conversa com o Santo Anjo Gurdião? Por que é preciso encontrar um equilíbrio entre o mundo dos emaranhamentos cármicos e o mundo da iluminação? Por que eu não poderia apenas abandonar tudo na minha vida e buscar essa iluminação espiritual com o ardor dirigido a um ponto?" Em *Ask Baba Lon*, também tento abordar essa questão.

> *"... o Conhecimento e a Conversa com o Santo Anjo Guardião é um nível de consciência, e o caminho mais direto ao SAG é a devoção. Se você conseguir se apaixonar completa e perdidamente por Deus, você está lá. Se isso significar se vir vestido de tanga pulando em uma esquina cantando alegremente Hare Krishna (ou Hare Crowley), então que seja. Não importa para você, porque você e o amado se reunirão em uma união extasiada.*
>
> *Se, no entanto, você sentir bem no meio do seu coração (pois é lá que vive o Santo Anjo Guardião) que ainda tem alguma missão para cumprir nessa encarnação antes de pular no trem e seguir o "caminho mais direto" para a terra bem-aventurada, então você deveria começar a circular para ver qual é sua missão e customizar sua busca devocional pelo Anjo para harmonizar e manifestar sua missão de vida (Vontade)".*[93]

E eu? Lon Milo DuQuette conseguiu o Conhecimento e a Conversa com o Santo Anjo Guardião?

Essa também é uma pergunta justa a se fazer. Se consegui, confesso que não aconteceu como eu imaginava quando li *A Magia Sagrada de Abramelin, O Mago,* na primeira vez. Se consegui o C&C com o SAG, não veio como uma percepção de algo que aconteceu comigo, mas como uma percepção do que sou agora. Desperto ... ou pelo menos mais desperto do que o menino que escreveu "Sou o Homem Interior".

93. *Ibid.*, p. 123.

Talvez o nome do meu Santo Anjo Guardião seja “Baba Lon”, ou Rabino Lamed Ben Clifford. Talvez seja assim que sempre funciona. Juntos, você e o anjo tornam-se outra pessoa... alguém que escreve bilhetes de amor para si.

PARTE 5

MAGIA ENOCHIANA

"Ensina-me (Ó, criador de todas as coisas) a ter o conhecimento e a compreensão corretos, pois tua sabedoria é tudo que desejo. Fala tua palavra no meu ouvido (Ó, criador de todas as coisas) e coloca tua sabedoria no meu coração."

— John Dee

DICIONÁRIO ENOCHIANO COMPLETO

Prefácio para a edição de 2001[94]

"Sua vida é um relógio ou uma visão
Entre um sono e um sono."

Algernon Swinburne
Atalanta in Calydon

Um debate eterno se alastra entre aqueles que acreditam na existência objetiva de entidades espirituais e aqueles que creem que fenômenos como esses, não importa o quanto pareçam substanciais, são experiências totalmente subjetivas. Talvez as duas escolas de pensamento estejam certas. No que diz respeito a anjos, demônios e espíritos, eu pessoalmente acredito que *está tudo na sua cabeça – você apenas não faz ideia de como sua cabeça é grande.* Ou, para citar meu guru pseudoepigráfico, Rabino Lamed Bem Clifford: "Sim, os espíritos são reais. Sim, os espíritos são imaginários. A maioria de nós, entretanto, não consegue imaginar como nossas imaginações são reais".

94. Escrito para Donald C. Laycock, *The Complete Enochian Dictionary,* Newburyport, Massachusetts: Weiser Books, 2001.

Eu consigo, com muita confiança, defender, em geral, essa posição com socos de suposições cabalísticas desgastadas a respeito da natureza da consciência e as funções de várias partes da alma, e o gancho de esquerda de Carl Jung. Houve momentos, no entanto, nos quais minha teoria de campo foi intensamente desafiada. O *Complete Enochian Dictionary,* do sr. Laycock, desempenhou um papel curioso nessa luta mágica.

Em 1978, como parte das minhas obrigações encaradas como um mestre da Loja O.T.O.,[95] comecei o que se tornaria uma aula de magia semanal por 23 anos, na minha casa em Costa Mesa, Califórnia. Na ocasião, eu me vi em apuros para estar um passo à frente dos aspirantes entusiasmados que enchiam o chão da minha sala de estar a cada noite de quinta-feira, e, cerca de um ano depois, percebi que, se eu pretendia continuar ensinando, em algum momento teria de aprender mais.

Minha biblioteca mágica era lamentavelmente pequena nesses dias. Meu mais novo tesouro era uma primeira edição de *Gems from the Equinox*,[96] que continha uma seleção de livros, artigos, ensaios e rituais sobre a obra monumental de Aleister Crowley, *The Equinox.*[97] Passei um pente fino nele para ver se conseguia encontrar algo novo e exótico para ocupar nossas noites de quinta-feira por um tempo. Parei no *Liber LXXXIV, vel Chanokh – A Brief Abstract of the Symbolic Representation of the Universe Derived by Dr. John Dee Through the Skrying of Sir Edward Kelly.* É a introdução de Crowley à complexa e bela forma de arte que passou a ser conhecida como *Enochiana.* Eu não sabia na ocasião, mas *Chanokh* (e o livro que você agora segura nas mãos) mudaria dramaticamente o curso da minha vida.

95. *Ordo Templi Orientis.*

96. *Gems From the Equinox, Instructions by Aleister Crowly for His Own Magical Order.* Ed. Israel Regardie. Edição mais recente: Scottsdale, Arizona: New Falcon Publications, 1992.

97. *The Equinox Volume 1, Numbers 1-10.* Aleister Crowley *et al.* Edição mais recente: York Beach, Maine: Samuel Weiser, Inc., 1998.

No princípio, achei *Chanokh* completamente impenetrável. Eu o li, reli e o comparei com o material enochiano no *Golden Dawn*,[98] de Regardie. Após um ou dois dias de lamúrias, as coisas finalmente começaram a fazer um pouco de sentido. O material que tratava da evocação dos anjos das quatro Tabelas Elementais parecia ser o ponto lógico para iniciar a aula.

Cada Tabela Elemental é composta por 156 quadrantes marcados com letras, cada um dos quais é dividido para representar uma pirâmide truncada. Cada um tem sua mistura específica de elementos, determinada por uma aplicação muito impressionante da lógica Hermética. Um anjo (cujo nome é a letra do quadrante) "vive" em cada uma das pirâmides. Esses anjos com o nome de uma única letra são modulares e se juntam com seus vizinhos para formar anjos maiores, com nomes mais longos e atributos e deveres mais complexos. É um sistema realmente elegante.

Meu plano era manter a turma ocupada por algumas semanas, desenhando e colorindo suas próprias tabelas, enquanto eu me consultava com o dr. Regardie e construía um conjunto de tabelas tridimensionais. Regardie não era muito fã da ideia. Ele me disse que, até onde sabia, ninguém tinha feito uma coisa daquelas antes, e que os anjos enochianos eram bem perigosos quando habitavam tabelas planas. Ele alertou: "Não dê para eles espaço de manobra dimensional". Eu brinquei, sugerindo que os anjos *deles* estavam provavelmente de mau humor, porque estavam todos apertados dentro de suas tabelas planas. Segui em frente e convenci um Irmão da Loja a cortar 624 pirâmides truncadas de madeira. Depois, eu as preparei, pintei e montei em Quatro Tabelas Elementais (para cada um dos elementos: Fogo, Água, Ar e Terra).

Chegou a noite da nossa primeira evocação. Preparei nosso templo na sala de estar para a evocação de Laidrom, o Superior de Marte da Tabela da Terra.[99] A abertura do templo e os procedimentos de operação são delineados admiravelmente em *Chanokh,* de modo que há muito

98. *The Golden Dawn*. Ed. Israel Regardie. Edição mais recente St. Paul: Llewellyn Publications, 1992.

99. Cada Tabela Elemental tem um Rei Solar e seis Superiores Planetários. Esses sete espíritos são bem elevados na escada hierárquica enochiana.

pouco a fazer, além de seguir as direções. Congratulei-me presunçosamente por estar tão bem preparado. Entretanto, não estava preparado para a possibilidade de a evocação realmente funcionar.

O primeiro aluno a chegar foi D.R., que me entregou, todo orgulhoso, sua recém-adquirida primeira edição do *The Complete Enochian Dictionary*,[100] de Laycok – o primeiro que já vi. Como sempre faço quando alguém me entrega algo raro ou caro, simulei uma gratidão profunda e disse com entusiasmo: "Oh! Obrigado". Ele rapidamente o pegou de volta das minhas mãos.

Quando o resto da turma chegou, pedi para um voluntário ler o Chamado na linguagem angelical e se sentar na cadeira do condutor visionário. Para minha grande ansiedade, nosso único voluntário foi David Wilson, o membro mais cético da turma. Eu tinha certeza de que nosso ranheta da turma não receberia visão nenhuma e todos os nossos esforços seriam alvo de ridicularização por muitos meses. Mesmo assim, ele estava disposto a dar uma chance, então liguei nosso pequeno gravador e nós prosseguimos.

Após eu banir e abrir o templo, David leu o Chamado duas vezes, fechou seus olhos e se sentou quieto por apenas alguns segundos. Então, para surpresa de todos, ele começou despreocupadamente a descrever em detalhes sua visão de um deserto de areia branca cristalina, da qual brotavam colunas de rocha vulcânica.

Todos ficamos emocionados. Perguntei se ele via alguma coisa viva, um anjo ou um espírito. Ele disse "Não". Eu o encorajei a repetir o Chamado uma terceira vez. Assim que terminou, descreveu com empolgação um enorme cone negro saindo da areia. David ficou em silêncio por um momento. Ele nos disse que o cone estava abrindo. Então, como um grito que nos assustou... "É ele! É ele! Estou vendo!"

Descreveu uma grande figura humanoide aparentemente construída do mesmo material do cone. Não tinha rosto, sua cabeça tinha um formato oval e era plana na frente. Suas mãos sem dedos tinham a aparência de luvas. "Ele é Laidrom!", David anunciou respeitosamente.

100. *The Complete Enochian Dictionary* – A Dictionary of the Angelic Language as Revealed to Dr. John Dee e Edward Kelley, por Donald C. Laycock. Primeira edição: London. Askin Publishers, LTD, 1978. Edições posteriores York Beach, Maine: Weiser Books, Inc., 1994 & 2001.

Todos ficamos chocados. Nenhum de nós estava preparado para isso. David pegou um bloco de papel e um lápis e escreveu algumas notas e um rascunho. Antes que eu pudesse balbuciar palavras de boas-vindas, David soltou uma risada nervosa e disse: "Lon, eu sinto... eu sinto... que poderia emitir sons estranhos".

"Faça isso!", não acho que eu realmente quisesse dizer isso.

"Naw-n tahelo hoh athayzo raygayef... isso é..."

"Não! Relaxa, deixa acontecer!", tentei soar calmo.

"Eu tô falando sério. Eu me sinto um idiota. Estou tão... *sil-si an-xilxi-to-da-arp nan-ta* (inaudível)... *ef... efe thar-zi.* Sinto muito... isso é tudo. Isso nunca me aconteceu antes. Eu apenas fiquei com vontade de fazer isso".

Não sabia o que dizer. No final, resgatei a presença de espírito para agradecer Laidrom por aparecer. Estava dolorosamente constrangido por não conseguir pensar em nada a dizer a esse anjo perfeitamente educado na minha sala de estar. Eu finalmente gaguejei algo estúpido com a intenção de dizer que realmente apreciamos por ele ter aparecido e, com certeza, gostaríamos de visitá-lo de novo logo. Então, logo fechei e bani o templo.

Por alguns segundos, ninguém disse nenhuma palavra. Então, todos começaram a falar ao mesmo tempo. Rebobinei a fita e ouvimos as palavras estranhas que saíram da boca de David. Elas não faziam nenhum sentido, é claro, mas era uma grande emoção ouvi-las.

Rebobinamos a fita várias vezes e acabamos transcrevendo três conjuntos de sílabas audíveis:

naw-n tahelo hoh athayzo raygayeff

zil-zi-anzilzi-lo-da-arp nan-ta (inaudível)

ef... efee thar-zi.

Recorremos ao The Complete Enochian Dictionary, de D.R. e logo descobrirmos,

Nanta, elo Hoath zorge ef.

"Espírito da Terra, primeira visita amigável do adorador".

Zil zien

"estenda as mãos"
Zilodarp Nanta
"avance e conquiste o Espírito da Terra"
Ef etharzi
"visita em paz".

David pareceu ficar anormalmente abalado pelo que aconteceu. Ele insistiu, e eu não duvidei de sua sinceridade quando disse que ele nunca tinha lido nenhuma das Invocações Enochianas antes daquela noite.

Nos três anos seguintes, tivemos aulas *duas* noites por semana e focamos exclusivamente na Magia Enochiana. Dependíamos cada vez mais do *The Complete Enochian Dictionary* para nos ajudar a navegar pelas complexidades das hierarquias angelicais e servir como nosso guia de pronúncia para a linguagem angelical. As visões de David continuariam a nos levar em excursões incríveis aos mundos elementais, mas, conforme ele foi se acostumando a ouvir as palavras das Invocações, seu talento para entrar espontaneamente na língua angelical diminuiu e acabou cessando totalmente. Ele continua a ser o vidente mais talentoso que já encontrei.

D.R., abençoado seja, acabou se mudando. Há muitos anos não ouvimos falar dele. Serei sempre grato a ele por levar *The Complete Enochian Dictionary* para a aula naquela noite memorável. Como você provavelmente já deve ter percebido, eu nunca o devolvi para ele.

A ARTE PERDIDA DA MAGIA ENOCHIANA

Anjos, Invocações e Segredos Revelados ao Dr. John Dee

Prefácio à edição de 2010[101]

Fiquei sem palavras, de tão contente, quando o dr. DeSalvo me pediu para escrever um prefácio para sua obra maravilhosa. Posso dizer, sem hesitar, que o leitor terá uma experiência empolgante, provocadora e esclarecedora; para alguns de vocês, pode ser também o início de uma jornada arriscada de autodescoberta.

É uma obra que acredito que só poderia ter sido escrita nas primeiras horas do século XXI, quando o pensamento científico avançado nos promete uma compreensão sem precedentes do cosmos e da natureza da matéria e da energia. Conforme nossos astrofísicos e físicos quânticos se aproximarem do Santo Graal de uma teoria para explicar tudo, será possível que estamos nos aproximando de um nível de pesquisa tão profundo, que logo será exigido de nós expandir dramaticamente nosso nível de consciência, para processar as respostas multidimensionais?

---

101. Escrito para John DeSalva, PhD, *The Lost Art of Enochian Magic: Angels, Invocations, and Secrets Revealed to Dr. John Dee,* Rochester, Vermont: Destiny Books, 2010.

Creio que a resposta seja "Sim", e, conforme penetramos ainda mais fundo nessas novas fronteiras de pensamento, somos confrontados com as mesmas questões e desafios fundamentais com os quais os cientistas *espirituais* se depararam desde a aurora da consciência humana: Como o universo foi criado? Como pode não ter limites? O que o sustenta? Ele um dia acabará? – se sim, como? Qual é a natureza do tempo, do espaço, da realidade e da consciência? Quem e o que eu sou? Por mais que ela tente fazer de outra forma, quando suas reflexões voam a essas alturas, a ciência é forçada por limitações de palavras e imagens a evocar a linguagem metafórica da mitologia, do misticismo e da magia em sua tentativa de até *discutir* esses assuntos transcendentes.

Por que, então, a nossa exploração dessas mesmas questões diretamente por meios mágicos poderia ser considerada nada científica? Afinal, por dezenas de milhares de anos, da história humana, até o século XVIII, a magia *era* ciência. A magia[102] é a mãe da matemática, da astronomia, da biologia, da química, da arquitetura e da medicina. Não nos faz bem argumentar que a mitologia, o misticismo e a magia sejam irracionais e ilógicos, pois os mistérios da astrofísica e da mecânica quântica também parecem ser assim.

Por uma boa parte de um milênio, os adeptos da Kabbalah[103] Sagrada (ciência esotérica da alma do Judaísmo) tentaram, por meio de uma variedade de técnicas curiosas, usar a mente para transcender a mente. Por conveniência, eles viam "Deus" como a consciência absoluta e suprema do universo, e os indivíduos humanos como reflexos em miniatura da consciência suprema – "o Homem feito à imagem de Deus". Assim como meu reflexo no espelho do banheiro "vive" apenas por causa da minha presença viva, também existo como uma unidade refletida da consciência suprema. Minha aparente separação de Deus é um fenômeno tão ilusório quanto meu reflexo no espelho erroneamente acreditando-se real e, de alguma forma, afastado do eu físico no outro lado do espelho.

102. Quando chamada de mágica, às vezes é soletrada como "mágika", para diferenciar a arte espiritual de números de mágica no palco.

103. A palavra baseia-se em três letras hebraicas, Qoph, Lamed, Daleth e costuma ser escrita como "Qabalah", "Qabala", "Cabala", "Kabalah" ou "Kabbalah".

Como Deus e os seres humanos são dois aspectos de uma mesma consciência, os Kabbalistas nos veem como divididos (categorizados seria uma palavra melhor) em quatro níveis de consciência principais:

- O nível mais baixo (como um aspecto da consciência suprema) é o próprio *plano material.*
  - Exemplo específico: uma cadeira de balanço.
  - Para nós (como um aspecto da consciência individual) este nível se manifesta como nossos corpos físicos.
- O nível seguinte (como um aspecto da consciência suprema) é o plano formativo, onde existem os padrões de tudo que se manifestará no plano material.
  - Exemplo específico: a ideia ou o conceito de uma cadeira de balanço. Os Kabbalistas chamam este de mundo dos Anjos.
  - Para nós (como um aspecto da consciência individual) esse nível é nosso intelecto – nosso olhar mental.
- Acima desse (como um aspecto da consciência suprema) está o plano criativo, no qual são gerados os grandes princípios do universo.
  - Exemplo específico: o conceito de se sentar. Os cabalistas chamam este de mundo dos Arcanjos.
  - Para nós (como um aspecto da consciência individual) esse nível se manifesta como poderes misteriosos da intuição, isto é, quando uma mãe desperta à noite quando seu filho sofreu um acidente longe dali – uma habilidade que transcende a lógica, o tempo e o espaço.
- Acima desse (como um aspecto da consciência suprema) está o plano arquetípico – para todas as intenções e propósitos, poderíamos considerar este a própria consciência da divindade.
  - Exemplo específico: o conceito universal do descanso.

- Para nós (como um aspecto da consciência individual) é a própria força vital – por fim, nossa verdadeira identidade.

Na linguagem metafórica do misticismo hebraico, a mecânica da criação e a sinfonia cooperativa de todas as forças naturais do cosmos são uma hierarquia bem ordenada de agentes espirituais – arcanjos, anjos, espíritos e demônios. Nós também temos nosso lugar especial nessa hierarquia e um dever especial a cumprir. Como seres humanos, vivendo no plano material, somos o auge do processo. Nós ressoamos com uma coleção completa dos ecos de todo o ciclo geracional. Cada um de nós, como uma mônada da consciência suprema, é um diapasão vibrando como a pura *harmônica inferior* da *nota* absoluta.

É o trabalho (na verdade, creio ser o destino) de cada um de nós elevar nossa consciência passo a passo, oitava por oitava, de volta à divindade. Essa é a verdadeira aventura iniciática pela qual cada um de nós está destinado a passar. Esse é o Grande Trabalho.

Um ramo da filosofia kabbalista vê o ciclo da descida à matéria e da jornada de retorno ao lar como um processo de *dez passos*; sendo o roteiro um diagrama esquemático chamado *Árvore da Vida*. A magia da visão enochiana do dr. John Dee, no entanto, divide a viagem não em dez níveis, mas em *30*, e é a exploração passo a passo desses 30 *Aethyrs* (éteres) ou céus da consciência humana/divina, que é o assunto fascinante das experiências ousadas e visionárias do dr. DeSalvo.

PARTE 6

MAÇONARIA MÁGICA

Meu pai, Clifford Ernest DuQuette, foi talvez o ser humano mais honesto e nobre que já conheci. Ele não estava nada interessado em magia e não era uma pessoa "religiosa" per se, mas era definido por um padrão quase místico de integridade moral. Era um homem bom ... e era bom pela bondade ... não em virtude de alguma doutrina ou crença religiosa específica, mas, em vez disso, ele era bom porque sabia em seu coração que "ser bom" era o jeito natural e humano de viver. Entrou para a Maçonaria em 1948, ano em que nasci, e creio que a Maçonaria foi o alicerce de seu caráter.

MAÇONARIA

Ritual, Símbolos e História da Sociedade Secreta

Prefácio para a edição de 2007[104]

"A Maçonaria é uma ciência moral progressiva, dividida em diferentes Graus; e, como seus princípios e cerimônias místicas são regularmente desenvolvidos e ilustrados, pretende-se e se espera que estes façam uma impressão profunda e duradoura na sua mente."

— Grau de Companheiro
Maçons Livres e Aceitos[105]

São 4 horas da manhã. Passo em silêncio na frente dos quartos onde dormem meus Irmãos para o corredor escuro que leva à escada para o Átrio. Este é um espaço cavernoso, com mais de 60 metros de comprimento e mais de 15 metros de largura, construído no estilo do Império Romano. O piso de mármore é adornado com símbolos

104. Escrito para Mark Stavish, *Freemasonry: Ritual, Symbols and History of the Secret Society*, Rochester, Vermont: Destiny Books, 2010.
105. De *California Cipher*, Grande Loja da Califórnia, AA. F. & A. M., Richmond, Utah: Allen Publishing Company, 1990.

maçônicos incrustados em bronze e pedra de cores contrastantes. As Colunas Dórica e Jônica que margeiam o grande salão e escoram as passarelas e os cômodos do segundo andar são ofuscadas por altas Colunas Coríntias, que apoiam o teto abobadado, com três andares de altura, cuja claraboia de vidro colorido agora banha a sala com uma suave luz do luar iridescente.

Existem cinco estátuas aqui cujas presenças de bronze me sinto inclinado a homenagear. Quatro são as figuras das deusas das *Virtudes Cardeais,* Temperança, Prudência, Resistência e Justiça. Estão posicionadas nos cantos da sala em volta da qual eu perambulo lentamente enquanto vou de um pedestal ao outro. A quinta deusa fica bem no centro do salão e não tem inscrição ou emblema. Apenas leva seu dedo indicador aos lábios como se pedisse silêncio para o universo. É aqui, aos pés do silêncio, que me sento no chão frio e fecho meus olhos. Apenas um momento, parece, se passa antes que eu ouça o caloroso gongo da tigela do Templo. Os outros estão despertos, e somos chamados para a meditação da aurora.

Tiro meus sapatos do lado de fora da porta da sala da Loja, entro nas pontas dos pés e assumo meu lugar. A sala está escura, exceto por uma única vela no altar central. Depois de algumas palavras serenas de introdução e instrução, fechamos nossos olhos e entramos em nossos templos interiores. Quarenta minutos depois, o Sol nasceu. Abrimos os olhos e vemos a sala iluminada brilhantemente por três grandes vitrais italianos, que agora vemos compor toda a parede sul da sala da Loja. Cada janela retrata dramaticamente uma das *três eras do homem* – juventude, idade adulta e velhice. Meus olhos pairam em cada cena por vez, enquanto peso os episódios bem vividos da minha vida contra aqueles do tempo desperdiçado.

Após o café da manhã, nós nos reunimos sob os candelabros de cristal checo na espaçosa sala de recepção e, pela primeira vez, vemos quem veio neste ano. Logo reconheço alguns dos astros mais brilhantes no firmamento da Maçonaria moderna. Também vejo amigos e colegas dos anos anteriores, escritores, acadêmicos, professores e alunos. Como sempre, há vários Irmãos que foram convidados pela primeira vez para apresentar artigos e palestras.

Estamos reunidos para três dias de apresentações e discussões de questões e assuntos relativos aos aspectos esotéricos do Ofício da Maçonaria. Nós nos encontramos secreta e informalmente sem mandato, estatuto ou auspícios oficiais, para explorar o Ofício como uma arte e uma ciência autotransformadoras – reunidos para trabalhar e traçar estratégias de como proceder melhor para proteger, preservar e fazer avançar a alma esotérica da Maçonaria.

Apropriadamente, o local para essa reunião é um dos maiores prédios maçônicos, com uma arquitetura magnífica, *inexplicavelmente* abandonado por seus administradores de custódia pela duração dos nossos encontros. O edifício em si é intoxicante. Nós nos sentimos humilhados por sua beleza e proporções perfeitas. Não se pode resistir a ser tangivelmente elevado enquanto cada um de nós tenta intuitivamente ajustar nossas imperfeições internas para refletir as perfeições externas da geometria sagrada ao nosso redor. Enquanto caminhamos pelo labirinto sagrado, ou nos sentamos em silêncio estudando na biblioteca gótica, ou refletimos sobre alquimia aos pés das esfinges assírias, nos vemos parando e nos perguntando: "Isso está acontecendo mesmo?"

Sim. Está acontecendo mesmo; e eu sempre sonhei que a Maçonaria seria *assim.*

Mas, nem todos os maçons acham que o Ofício deveria ser *assim.* Para falar a verdade, existem muitos que agora sentem que as raízes esotéricas da nossa instituição antiga são uma vergonha – elos ridículos e imorais com o paganismo, o ocultismo, e talvez até mesmo o Satanismo. Você ficaria surpreso ao saber que existe um esforço em conjunto acontecendo agora dentro da Maçonaria para separar o Ofício de sua herança esotérica de uma vez por todas, e fazer dele uma organização aberta apenas a homens proferindo certas convicções religiosas específicas. Embora a tradição maçônica dite que um candidato precisa apenas proferir uma crença em um Ser Supremo e uma forma de além-vida, hoje existem jurisdições e Lojas em todo o mundo que não considerarão a entrada de um homem se eles acreditarem que sua religião não seja "convencional" o bastante, ou se suspeitarem da intensidade do seu interesse na natureza esotérica do Ofício.

Por isso, infelizmente, não posso revelar em qual região nosso encontro acontece. Nem posso revelar os nomes dos participantes, as circunstâncias que nos reuniram ou os detalhes das nossas atividades e objetivos. Por necessidade, a Maçonaria tornou-se novamente uma sociedade secreta para nós.

O que torna esse movimento antiesotérico tão inoportuno e suicida é o fato de que os números de membros da Maçonaria despencam abruptamente. As Lojas estão fechando ou se fundindo a outras Lojas por falta de membros. A Maçonaria, como nós a conhecemos nos últimos 300 anos, estará morta em apenas alguns anos se nada for feito. Ironicamente (e muito para o terror dos antiesotéricos), o *único* grupo demográfico que ingressa em números significativos é composto por jovens que estão apaixonadamente interessados nos mistérios esotéricos do Oficio.

Felizmente, pelo menos por enquanto, a Maçonaria exotérica ainda é, na maior parte, um grande guarda-chuva. Até nos cantos mais conservadores, a liderança ainda aclama da boca para fora o conceito de que a Maçonaria abre suas portas a homens honrados[106] de todas as raças, religiões, convicções políticas e circunstâncias sociais e econômicas. Exceto pelos deveres obrigatórios exigidos para avançar pelos Graus, o maçom individual é livre para se interessar ou se desinteressar como quiser por assuntos a respeito da história, dos rituais, das tradições e dos mistérios do Ofício. Desse modo (e muito para o alívio dos antiesotéricos), a maioria dos maçons, uma vez que alcançam o Grau Sublime de Mestre Maçom (e, se eles assim quiserem, seguirem em frente até completarem os Graus em um ou mais ritos correspondentes) ficam contentes em colocar a coisa *esquisita e curiosa* para trás e apenas aproveitar a participação em uma das mais ativas e generosas organizações de serviço no mundo.

Assim é como deve ser, e, por favor, não pense que estou menosprezando as contribuições e os esforços de um Irmão que deseja participar em qualquer nível. O mundo precisa de uma organização de serviço

106. Embora haja várias organizações, tais como a "Comaçonaria" que aceita tanto homens quanto mulheres, e outros ritos exclusivos para mulheres, a "Maçonaria" Regular, por ora, permanece uma fraternidade masculina.

generosa para patrocinar hospitais, clínicas e bolsas escolares. Alguns homens precisam de um lugar relativamente saudável para se encontrar socialmente uma ou duas vezes por mês com outros homens relativamente saudáveis. Acrescente a isso a possibilidade de alguns homens realmente terem uma necessidade psicológica de usar uma maquiagem de palhaço e dirigir carrinhos em paradas.

Sem homens como esses, essa Maçonaria não seria (por enquanto, pelo menos) a maior e mais rica organização fraterna no mundo. Esses são homens bons que *melhoram* por seu envolvimento no Ofício. Mas há também aqueles dentre eles que gostariam de ser transformados espiritualmente pelos segredos mais profundos da Maçonaria; e atualmente esses são os únicos homens ingressando em números significativos. (Ainda assim, aposto que alguns dos palhaços nos carrinhos, se educados direito, poderiam ficar fascinados pelo lado esotérico das coisas).

O triste fato é que a maioria dos maçons nunca é adequadamente exposta a Irmãos instruídos ou a algum material que possa instigar sua curiosidade, além de questionar: "O que tem para o jantar da reunião estabelecida?" Não que a informação esteja indisponível. Vários bons livros foram escritos ao longo dos séculos, alguns dos quais podem ser encontrados nas bibliotecas de Lojas locais em todo o mundo. Mas muitos desses livros foram escritos no século XIX, em um momento no qual o interesse na Maçonaria esotérica estava no auge, e quando até um diploma do ensino médio significava uma familiaridade com grego e latim e um conhecimento superficial de filosofia, religiões mundiais e história. Qualquer um que já tenha começado a ler *Moral e Dogma,*[107] de Albert Pike, saberá exatamente do que estou falando.

O que falta para o maçom moderno, e que o Irmão Stavish agora misericordiosamente nos apresenta, é um estudo direto e passo a passo da Maçonaria e dos incontáveis movimentos e ideias que deram origem ao Ofício em todas as suas manifestações. Além disso, ele define tudo em relação à ciência, à filosofia e ao misticismo do século XXI e desafia o leitor a fazer o mesmo. *The Path of Freemasonry* é uma educação das artes liberais em Maçonaria em volume único, e nunca dantes na

107. Pike, Albert. *Morals and Dogma of the Ancient and Accepted Scottish Rite of Freemasonry*, Washington, DC: The Supreme Council of the Southern Jurisdiction.

história do Ofício foi tão importante para maçons por si mesmo serem tão educados. Queria poder colocar o livro do Irmão Stavish nas mãos de cada Irmão recém-elevado, não apenas para seu próprio bem, mas para o benefício por toda a vida daqueles indivíduos que olharão para ele como um exemplo digno de um membro instruído e esclarecido da Maçonaria.

> *"Que a bênção do céu repouse sobre nós e todos os maçons regulares! Que o Amor Fraterno prevaleça, e cada virtude moral e social nos fortaleçam! Amém."*

— Oração de Encerramento do Mestre
Maçons Livres e Aceitos[108]

108. De *California Cipher*, Grande Loja da Califórnia, F. & A. M., Richmond, Utah: Allen Publishing Company, 1990.

MOZART, MAGIA E MAÇONARIA

DISCURSO[109] ANTES DA APRESENTAÇÃO NA NOITE DE ESTREIA[110] DA APRESENTAÇÃO DA LOS ANGELES OPERA

[Proferido na melhor voz de *trailer* de cinema de Lon]

Em um mundo... onde sua mãe é uma Deusa da Lua homicida...

E seu pai é Líder de um Culto de Adoração ao Sol,

Sua única proteção só pode ser um Príncipe bem confuso com uma flauta...

E um cara vestido como um pássaro... com um carrilhão!

Sou Lon DuQuette. Tenho muito orgulho em dizer que sou maçom. Meu pai era maçom. Meu irmão é maçom. Muitos dos homens cujas vidas e obras me inspiraram, iluminaram e encorajaram por toda minha vida foram maçons.

109. Direitos autorais reservados ® Lon Milo DuQuette.
110. Dorothy Chandler Pavilion, Los Angeles Music Center, 24 de março de 2002.

A Maçonaria é uma das mais antigas (se não for *a* mais antiga) fraternidades seculares do mundo. Sua origem *moderna* remonta a 1717, quando uma Grande Loja foi formada a partir de várias Lojas existentes em Londres. Por quanto tempo *antes* de 1717 essas Lojas existiam não está claro. Há umas 130 versões de documentos maçônicos conhecidos como as *Antigas Obrigações*, que datam de cerca de 1390 – mas a *tradição* maçônica nos faria traçar suas origens para muito antes – de volta às guildas de construtores das catedrais – passando pelos Artífices Dionisíacos que construíram os grandes monumentos cívicos do Império Romano – e de volta aos construtores do Templo do Rei Salomão – até os artífices que construíram as Grandes Pirâmides do Egito.

É claro que não existe uma evidência real para corroborar a existência de uma Fraternidade Internacional de Construtores das Pirâmides (Local #327).

Mas, mesmo que *nenhuma* das histórias *tradicionais* do Ofício possa resistir ao escrutínio dos historiadores, está claro que a Maçonaria, como uma sociedade *iniciática,* é uma encarnação *das* (se não for a herdeira *das*) grandes Escolas de Mistério da Antiguidade – especialmente aquelas que floresceram em torno da bacia do Mediterrâneo – os Mistérios de Elêusis, os Ritos de Mendes, de Osíris, Ísis, Dionísio, Serápis, Mitra e os Magos persas, de onde nós tiramos a palavra *Magia.*

As Escolas de Mistérios nos ensinaram que, no fim das contas, a verdadeira essência de cada homem e mulher é *divina...* na verdade, se algum dia chegássemos à completa realização das nossas naturezas verdadeiras, descobriríamos que somos semelhantes à consciência suprema e à força vital do universo.

Dentre os vários Ritos de Mistério, o *nome* e o *caráter* simbólico da *divindade* escolhidos para representar essa consciência suprema variavam consideravelmente – mas todos tinham uma coisa muito importante em comum. Todos supuseram ser possível elevar-se conscientemente até a realização suprema – e eles tentaram auxiliar esse processo evolutivo por Graus –, por meio de um programa de purificação e instrução passo a passo. *E* literalmente *modificando* o caráter do Candidato, fazendo-o passar por uma série de ordálios pessoais dramática e artisticamente coreografados.

Nos primeiros anos da era cristã, Alexandria, no Egito, era o centro do mundo intelectual, filosófico e iniciático. A ordem universal e a estabilidade do Império Romano aproximaram o mundo como nunca acontecera antes. Por um breve e brilhante momento, o conhecimento e a sabedoria recolhidos de dezenas de culturas, da China e da Índia ao Egito, Israel, Europa e Bretanha, sintetizados em três grandes bibliotecas. Aqui, a sabedoria sagrada da Qabalah Hebraica encontrou as ciências celestiais dos astrônomos caldeus e a sabedoria oculta dos sacerdotes egípcios de Ísis. Aqui, as sutilezas das filosofias taoísta e budista tocaram as ciências matemáticas e a política pragmática dos gregos.

Um incêndio catastrófico destruiu muito de pelo menos uma das grandes bibliotecas de Alexandria, e o crescimento e o zelo muitas vezes violento do movimento cristão para todas as intenções e propósitos pôs um fim às atividades públicas das Escolas de Mistério. Carl Sagan especulou que, se a riqueza de informação armazenada em Alexandria não tivesse sido destruída – o nível de tecnologia que colocou um homem na Lua no século *XX* teria sido alcançado no século XVI.

Seja como for, nós sabemos que, durante os séculos sufocantes da Era das Trevas, sobreviveu um corpo de homens que, em razão de seu conhecimento e habilidades únicos, formaram uma classe distinta de *cidadãos mundiais*. Homens que poderiam se movimentar livremente de um burgo a outro, de uma cidade a outra, de um reino a outro – sem restrições pelos limites da servidão feudal.

Mestres em geometria e construção que poderiam fazer a pedra se elevar ao céu. Mestres artistas que poderiam conservar os segredos simbólicos e matemáticos da criação nas dimensões e ornamentos dos edifícios que poderiam durar mil anos.

Esses eram os *maçons* livres. Homens que, graças aos seus próprios talentos, aptidão e experiência, se libertaram da tirania dos reis e da opressão da Igreja.

O maçom era o *arquétipo* para o ser humano moderno e liberto.

Maçons eram literalmente... os caras *mais legais* no mundo ocidental.

Quando os grandes projetos das catedrais terminaram, a Fraternidade evoluiu de ser uma que aplicava seus princípios místicos em pedra para uma que faz isso nos corações dos seres humanos. Em 1784, quando Wolfgang Amadeus Mozart se tornou maçom, os ideais maçônicos progressivos de Amor, Tolerância, Iluminação e Fraternidade Universal estavam preparados para incendiar a Europa e a América com uma revolução.

No fim de 1790, Mozart soube que a Maçonaria logo seria declarada ilegal na Áustria. Ele conspirou com um Irmão maçom, o libretista e dono de teatro, Emanuel Schikaneder, para conservar a essência dos ideais maçônicos em uma ópera alegre (e aparentemente inofensiva). Essa ópera, claro, é *A Flauta Mágica.* E, assim como todas as criações de Mozart, ela é construída em muitos níveis.

O primeiro nível é puramente musical. Nesse ponto na carreira de Mozart, ele era famoso por criar melodias que não eram apenas belas ao ouvido, mas memoráveis para a mente. Ele escreveu músicas que você poderia cantarolar e assobiar. Sua lógica musical é tão clara e natural que o ouvido do ouvinte antecipa *cada* frase seguinte como se a música jorrasse espontaneamente da sua própria mente. O público de Mozart frequentemente ficava tão contagiado na mesma hora pelo *déjà-vu* dessas melodias, que participava nos pontos principais do segundo refrão e dos seguintes.

A música de *A Flauta Mágica é* encantadora, e tenho certeza de que não havia dúvida na mente de Mozart de que, uma vez que ela fosse ouvida, seria impossível apagá-la da consciência musical do mundo.

O nível seguinte era aquele do comentário contemporâneo. Vários dos personagens na ópera eram caricaturas bem reconhecíveis de algumas das pessoas mais importantes e poderosas do dia:

- A sombriamente apaixonada e vingativa *Rainha da Noite* era a imagem perfeita da imperatriz Maria Teresa, cuja oposição aos ideais do Iluminismo e ódio pela Maçonaria era bem conhecido.

- Nosso herói, Tamino, foi claramente baseado no imperador José II, filho de Maria Teresa, que não apenas foi uma força motriz do Iluminismo, como também foi um primeiro ativista pela igualdade entre classes e gêneros. Os esforços de Tamino, logo no início da ópera, em agradar a Rainha da Noite, são um comentário tocante sobre os esforços de um filho real, que, em sua juventude, naturalmente se esforçou para agradar sua mãe despótica.
- E Sarastro, o Sábio e Nobre Hierofante do Templo de *Isis und Osiris*, só poderia ter sido o mais reverenciado Grão-Mestre dos Maçons de Viena, Ignaz von Born. Von Born foi o exemplo mais idealizado de homem iluminista – humanitário, cientista e professor.

O próximo nível é mais esotérico e maçônico; e aqui nós perguntamos: *A Flauta Mágica* realmente revela "Segredos" maçônicos?

Tecnicamente... Não.

Os segredos maçônicos tratam principalmente das trivialidades da Fraternidade – os sinais de reconhecimento... os apertos de mão... as palavras de passe... e, é claro, os detalhes das dramáticas cerimônias de iniciação. Pouquíssimos aspectos de *A Flauta Mágica* preocupariam qualquer maçom que saiba realmente o que é (e o que não é) segredo no Ofício.

Johann Wolfgang von Goethe, também um maçom, falou sobre *A Flauta Mágica:*

"Basta que o público encontre prazer em ver o espetáculo; ao mesmo tempo, sua importância elevada não escapará aos iniciados".

No momento que temos antes de desfrutarmos da apresentação desta noite, eu gostaria de destacar apenas alguns desses elementos de *importância elevada* que não escapam aos iniciados.

Comecemos observando o uso que Mozart faz do número três. Esse número é, por vários motivos, muito importante para os maçons. O prelúdio de *A Flauta Mágica* explora de forma bem dramática três acordes tocados em baterias de três. Esses mesmos três acordes são tocados nas cenas do Templo. Como logo veremos, existem três Templos, três portas, três aias para a Rainha da Noite, três anjos guias e três rodadas de votação. Irmão Mozart até escreveu *A Flauta Mágica* em escala em mi bemol – que contém três bemóis em sua armadura de clave.

Embora esses sejam tira-gostos interessantes, não são exposições *reveladoras* dos segredos maçônicos. Nas cenas do Templo, entretanto, veremos as sugestões de muitos elementos do procedimento maçônico secreto; desde a forma pela qual a irmandade admite o Candidato e vota por sua admissão, aos vários testes de fidelidade, silêncio e sigilo – mais especificamente, o próprio ordálio da iniciação.

Removendo mais uma camada de segredos esotéricos, descobrimos que os Irmãos Mozart e Schikaneder incorporaram elementos centrais da Qabalah Hebraica nos personagens e no enredo de sua ópera. Devemos lembrar que as ciências místicas, tais como a Qabalah, a Alquimia e a Magia Cerimonial, eram tópicos de um fascínio intenso para muitos maçons do século XVIII, e não é nenhuma surpresa que esses dois maçons com uma missão iriam querer encher sua obra de arte com a maior energia mística que conseguissem.

Um conceito fundamental da Qabalah divide a criação e a alma humana em quatro níveis. Esses quatro níveis correspondem às quatro letras do Grande Nome de Deus, que em hebraico é soletrado como Yod, Heh, Vav, Heh. (A maioria do mundo não judaico pronuncia o nome como Jeová.) A dinâmica que existe entre todas as coisas representadas por essas quatro letras sagradas é o foco do estudo cabalístico e da meditação. Mas, se fôssemos apenas personificar Yod, Heh, Vav, Heh como família, elas teriam as características de Pai, Mãe, Filho e Filha. Se pensássemos nelas como *realeza,* seriam Rei, Rainha, Príncipe e Princesa.

O cenário cabalista é algo assim: se cada um de nós realmente conhecesse nossa verdadeira identidade espiritual, perceberíamos que somos como um Rei... um Rei que é o Ser *mais desperto* de todos. Mas, por algum motivo, escolhemos adormecer. O Rei adormeceu e está sonhando que é a Rainha do Universo, que adormeceu e está sonhando que é o Príncipe do Universo, que adormeceu e está sonhando que é uma Princesa adormecida.

A humanidade ignorante é exatamente como a Bela Adormecida. Estamos mortos para a maior realidade e esquecemos completamente nosso direito divino nato. Estamos adormecidos para nossa verdadeira natureza espiritual e sonhando que estamos presos em um túmulo de matéria, tempo e espaço. (Essa é exatamente a posição na qual a Princesa Tamina se encontra durante o primeiro ato de *A Flauta Mágica*.)

Há uma parte de nós, no entanto, que não está dormindo tão profundamente, uma parte de nós que lembra que há algo mais. Esse eu *mais desperto* é nosso próprio Príncipe Encantado. Se pudéssemos beijar nossa Bela Adormecida e quebrar o feitiço da ilusão, então a Princesa poderia se casar com o Príncipe e se tornar a Rainha *ainda mais desperta* e, fazendo isso, o Príncipe será automaticamente elevado a ser o Rei *mais desperto de todos*.

O grande segredo para essa novela cabalista é, é claro, a revelação tão *Zen* de que cada um de nós foi o *Rei mais desperto de todos* o tempo todo.

Sei que isso soa incorrigivelmente místico e abstrato – porque *é* incorrigivelmente místico e abstrato. É também o andaime oculto que suporta e escora a tradição espiritual ocidental – *e*, como tal, é naturalmente o enredo e um subenredo de *A Flauta Mágica*.

Nós temos o *Rei* Sarastro, a *Rainha* da Noite, o *Príncipe* Tamino e a *Princesa* Pamina – e em um nível inferior temos *Papageno* e *Papagena*, que, em seu próprio universo mais mundano, interpretam o *príncipe* e a *princesa* para Tamino e Pamina.

A declaração mais esotérica feita por *A Flauta Mágica*, no entanto, foi uma que chocou até os maçons de pensamento livre de Viena – e prova que Mozart era um revolucionário mesmo em uma sociedade revolucionária, e um místico visionário entre os místicos.

Apesar de várias cantigas charmosas e (pelos padrões modernos) incrivelmente *in*corretas sobre a natureza da mulher nas primeiras cenas, a ópera atinge o clímax com a iniciação dupla de Tamino e Pamina – um final surpresa, que foi perturbadora para muitos na Fraternidade maçônica exclusiva de homens.

Para os *iniciados,* esse foi mais do que apenas um comentário social sobre a igualdade de gêneros. É uma declaração ousada e visionária que toca na dinâmica da consciência em evolução da humanidade.

No início da ópera, conhecemos a incrível e linda Rainha da Noite, entronizada na Lua. Ela representa um tempo na história humana no qual *a mulher* era o mistério supremo. Uma era inocente, mas primitiva, quando a vida parecia se originar diretamente da mulher, e estava ligada aos ciclos da Lua. Esse era o tempo da grande deusa e das instituições sociais e religiosas matriarcais.

Com a evolução da consciência humana, começamos a reconhecer como o *Sol* era importante para a vida na Terra, e a importância da contribuição *masculina* para o processo procriativo. O pêndulo oscilou violentamente na direção oposta. *Patriarcados* suplantaram os matriarcados, e a Grande Deusa foi derrotada e impiedosamente subjugada por deuses masculinos. *Essa* é a fonte do ódio vingativo que a Deusa *Lunar* da Noite sente por Sarastro e sua ordem de *culto ao Sol.*

Mozart previu o *próximo* passo na consciência humana, quando se alcançam a igualdade e o equilíbrio entre os gêneros – quando a Lua e o Sol não estão mais em uma guerra, mas *unidos* para levar uma nova luz ao mundo.

A iniciação significa "um começo". A iniciação de Pamina e Tamino, no fim de *A Flauta Mágica,* representa a esperança mais doce de Mozart de que uma nova e maravilhosa era estava próxima. Uma era na qual os ideais maçônicos do Amor Fraternal, da Assistência e da Verdade se manifestariam nos corações de toda a humanidade.

Uma era na qual, como cantam os três Anjos Guias;

"... Todas as dúvidas desaparecerão,

quando apenas os sábios governarão...

Oh, paz celestial, retorna para nós, e preencha os corações de todos.

Então a terra um céu parecerá...

E os mortais a estima divina terão"

Bem... está quase na hora de começar a ópera. Somos muito sortudos. Uma iniciação maravilhosa, deliciosa e *mágica* nos aguarda dentro das grandes portas do templo da música; uma iniciação que podemos vivenciar apenas vendo, ouvindo e apreciando. A equipe do Ritual está quase pronta. O Grão-Mestre Plácido Domingo consagrou o Templo; o maestro Foster e *sir* Peter Hall servirão hoje como Segundo e Primeiro Vigilantes; e nosso Venerável Mestre no Oriente será nada menos do que o espírito imortal de Wolfgang Amadeus Mozart.

Muito obrigado. Aproveitem a noite.

PARTE 7

MISCELÂNEA MÁGICA

"Cada um de nós cai em um sonho unicamente próprio. Então, cada um de nós deve despertar do nosso jeito único."

— fragmentos não publicados da sabedoria do
Rabino Lamed Ben Clifford

A DESCOBERTA DO CAMINHO

Um Tao para Pessoas Simples

PREFÁCIO PARA A EDIÇÃO DE 2005[111]

Começar um Prefácio à obra de outro autor escrevendo sobre si mesmo talvez seja uma grave quebra do decoro acadêmico. Nesse caso, espero ser perdoado por cair no narcisismo espiritual, pois, na realidade, fiquei tocado e me identifiquei profundamente com o que percebo ser o espírito desta obra maravilhosa – um trabalho que (se nomes e rótulos não servissem apenas para confundir os assuntos) poderia ser descrito como "pensamento Oriental *Ocidental*".

Sou um ocidental. Digo isso não para me gabar nem me desculpar. É apenas um fato. Nasci na Califórnia e fui criado no Meio-Oeste. Meus pais tinham ascendência do Leste Europeu e de Nativos Americanos. Fui criado com alarde em uma família tipicamente desestruturada de bons metodistas, no universo arquetipicamente desestruturado da provinciana Nebraska das décadas de 1950 e 1960 (divulgado como o lugar "Onde o Oeste Começa!"). Nessa época, não existiam minorias na cidade; não havia judeus, budistas, hindus,

---

111. Escrito para Susan Montag, *Finding the Way: A Tao for Down-to-Earth People,* Lake Worth, Florida: Nicolas Hays, 2005.

nem muçulmanos. Ninguém falava sobre o "pensamento oriental" ou o "pensamento ocidental". Para dizer a verdade, na provinciana Nebraska, ninguém falava em "pensamento"; e, até eu voltar para a Califórnia (Oeste) para ir à faculdade, acreditava que o ato de *não pensar em pensamento* era o jeito ocidental.

A revolução psicodélica de meados da década de 1960 mudou radicalmente meu pensamento sobre esse assunto e a maioria das outras coisas. Quase da noite para o dia, percebi, com uma certeza multicolorida, que a consciência humana – a minha consciência – era uma coisa incrível e sagrada, talvez a mais importante no universo. Eu não estava mais em Nebraska – e meu recém-desperto terceiro olho se virou para o Oriente em busca de mais luz.

Encontrei-a quase imediatamente na forma de um livreto que comprei na livraria da faculdade por 95 centavos. Tinha o curioso título em duas partes, *Lao Tzu – Tao Te Ching*[112] e se anunciava como "... o principal clássico sobre o pensamento do Taoísmo."[113]

A introdução muito prolixa e acadêmica do tradutor não me interessou. Meu desejo por gratificação espiritual instantânea era forte demais. Folheei o livro direto para as linhas de abertura do texto em si e sorvi meu primeiro gosto ambrosíaco do pensamento Oriental.

O caminho que pode ser expresso
Não é o Caminho constante;
O nome com que pode ser chamado
Não é o nome constante.

Sem nome foi o início do céu e da terra;
Com nome foi a mãe de uma miríade de criaturas.[114]

Que lindo! Era perfeito – tão perfeito na sua simplicidade; 40 palavras descrevendo o que não pode ser descrito – o infinitamente simples e sem nome *Modo como as Coisas São.* Esqueça as Divindades, Salvadores ou

112. D. C. Lau, trad. *Lao Tzu – Tao Te Ching,* Baltimore: Penguin Books, 1963, última reimpressão, 1985.
113. *Ibid.,* material da contracapa.
114. *Ibid.,* p. 57.

Demônios, ou pecado, ou culpa, ou recompensa, ou castigo. Essas são coisas com nomes, e os nomes separam tudo do puro e sem nome *Modo como as Coisas São.*

Por um momento, parei de respirar. Foi como se tivesse ingerido uma droga espiritual e estava parando para ver se eu explodiria, ficaria roxo, ou morreria, ou gargalharia.

Claro que não fiz nenhuma dessas coisas (bem, talvez eu tenha gargalhado um pouco). Após alguns meses lendo e relendo o texto e meditando em suas palavras inescrutáveis, resolvi descartar completamente a fé dos meus pais e me aventurar, tornando-me um místico oriental de primeira ordem. Por alguns anos, não fiz um trabalho tão ruim. Deixei o mundo dos psicotrópicos, comecei a praticar com seriedade ioga e as práticas meditativas obrigatórias e iniciei um estudo sistemático do *I Ching.*

Sim, senhor, eu tinha grandes objetivos espirituais. Seria desprovido de ego. Seria o místico mais desprovido de ego na cidade. Imagino meu eu sem ego ganhando iluminação em silêncio, enquanto estou equilibrado ao lado do lago de carpas, com as minhas pernas travadas em uma posição de lótus impecável, minha careca brilhando na luz do sol filtrada pelas folhas do meu ameno e tranquilo jardim Zen.

Cara! Eu ia ficar *tão legal* sem um ego!

Obviamente, algo não estava certo, e a minha batalha com o ego era mais do que justificada. Era uma batalha contra a forma com a qual eu era programado mentalmente. Era como se eu tentasse rodar um *software* oriental no meu *hardware* ocidental. Foi então que comecei a examinar a natureza da minha psique ocidental e as diferenças entre as abordagens oriental e ocidental sobre a iluminação.

Não importa o que alguns dos pânditas de cada escola possam pregar, os objetivos são os mesmos; iluminação suprema e absorção da divindade. Mas os caminhos que o místico oriental e ocidental percorrem para atingir esse objetivo são tão diferentes quanto *Yin* e *Yang* – Interior e Exterior.

As ciências espirituais do Oriente encorajam o indivíduo a simplificar – virar-se *para dentro* para descobrir a verdadeira natureza do eu e da Divindade. Acalmando corpo e mente, e despindo sistematicamente os véus ilusórios das sensações, dos desejos e do ego, o místico oriental acaba por atingir o momento em que ocorre um estalo – a mente é transcendida, e ele ou ela é absorvido(a) no que é mal descrito como *vazio* completo.

Por outro lado, os místicos ocidentais são inclinados por natureza a buscarem *externamente* pelas respostas. Considere como no Ocidente nós somos tão obedientes à escritura e às doutrinas complexas – tão atraídos por rituais, sacerdócio e súplicas devotas a um Deus aparentemente fora de nós e da natureza. Sob as circunstâncias certas, entretanto, essas coisas externas podem desencadear no devoto uma iluminação que "preenche a alma" com a presença da divindade – há um estalo – a mente é transcendida, e a consciência do místico ocidental é absorvida no que pode ser mal descrita como *plenitude* completa.

Perceber que os dois objetivos supremos são iguais – que a realidade subjetiva vive nas coisas e ações objetivas me deixou em uma posição muito embaraçosa e frustrante – a esquizofrenia solitária de dentro para fora do místico Oriental *Ocidental.* Felizmente, acabei controlando essa enfermidade me automedicando de forma pesada com os conceitos e práticas do *Zen do Ocidente*: a Qabalah Hermética,[115] o Tarô e a Magia Cerimonial.

Essas tradições ocidentais altamente esotéricas não são para todos. De fato, por séculos, elas foram rotuladas como heréticas pelas "autoridades" espirituais ocidentais, que (por motivos tanto incompreensíveis quanto mesquinhos), ou se viram incapazes de apreciar as sutilezas das práticas, ou se sentiram frustradas em suas tentativas de explorar com sucesso as práticas por lucro ou controle de multidões. Se não fosse por meu histórico no pensamento oriental, eu também teria repudiado as artes místicas do Ocidente como uma bobagem perigosa e supersticiosa.

Dito isso, permanece um mistério por que um adolescente metodista simples do Meio-Oeste, como eu, foi imediata e profundamente atingido pelo *Tao Te Ching,* ou por que, na maioria dos casos, meu zelo em compartilhar sua sabedoria com os outros da minha laia ocidental não teve nenhum sucesso.

115. Escrevi Qabalah para diferenciá-la de seus primos abertamente paroquiais, a Kabbalah Hebraica ou a Cabala Cristã.

"Você não entende?" tornou-se meu mantra da frustração.

"Não. Não entendo. É apenas conversinha de biscoito da sorte. Como posso acreditar nisso?"

"Não é algo em que você *acredita,* é *como são as coisas!*"

"O que tem de tão sagrado em como são as coisas?"

"Não. Não é sobre *como são as coisas...* é sobre o *caminho.* Não vê? Focar nas *coisas* é como tudo ficou bagunçado".

"Não entendo. Como isso vai me levar pro céu?"

(Insira aqui o som da minha mão batendo na minha testa).

Obviamente, é quase impossível ser um proselitista entusiasmado do *Tao* sem se afastar embaraçosamente do *caminho* no momento em que alguém abre a boca. Presentear um amigo curioso ou um parente com uma tradução (mesmo que seja muito boa) é uma jogada melhor em uma questão imprevisível. Por 35 anos, lamentei o fato de que alguém, algum místico oriental *ocidental*, com uma compreensão magistral do espírito do texto e a habilidade de traduzi-lo em uma linguagem direta e simples, ainda não fez o trabalho.

Não lamento mais. Descobri a joia no meu idioma que busquei por toda minha vida adulta – uma joia que posso compartilhar com todos os meus conhecidos que insistem que não *entendem.*

Exatamente como ela fez, não consigo dizer. No entanto, uma coisa é extremamente clara para mim. Ao escrever *A Descoberta do Caminho,* Susan Montag demonstrou, da maneira mais clara e confortável, que ela realmente *descobriu o Caminho.*

A NOVA HERMÉTICA

Magia do Século XXI para Iluminação e Poder

PREFÁCIO PARA A EDIÇÃO DE 2004[116]

"Não há o menor orbe que tu contemples
Que em seu movimento como um anjo canta,
Ainda imitando os querubins de olhos brilhantes;
Tal harmonia está em almas imortais;
Mas enquanto essa lodosa vestimenta de podridão
A encerra inteiramente, não podemos ouvi-la."

LORENZO PARA JESSICA
O MERCADOR DE VENEZA, IV, 1

116. Escrito para Jason Augustus Newcomb, *The New Hermetics:* 21st Century Magick for Illumination and Power, Newburyport, Massachusetts: Weiser Books, 2004.

Livrar-se da vestimenta lodosa da decadência, na qual a essência de nossa alma imortal jaz sepultada como uma princesa adormecida, é a Grande Obra. É a Busca Sagrada do místico, do alquimista, do iogue e do mago, mas também é o destino inescapável de cada unidade de consciência em evolução no universo.

Mas como começamos a libertar essa essência imaculada do túmulo em que nos encerra tão "inteiramente"? Podemos despedaçá-la como um casulo de argila? Podemos desprendê-la como a pele de uma serpente? Podemos removê-la nos lavando?

Podemos tentar. De fato, tramar a fuga dessa prisão da matéria é a razão de ser das grandes religiões do mundo. Como hindus e budistas, nós a negamos como uma ilusão; como cristãos, tentamos subornar nosso caminho livre com um salvador redentor; e com outros "povos do Livro – muçulmanos e judeus –, nós a odiamos e tememos como um demônio; fazemos guerra a ela como um inimigo; fugimos dela como pecado e (descartando o bom senso concedido por Deus) arriscamos nossas almas na historicidade de mitos e obediência à lei das escrituras para que, após a morte, possamos descobrir que ganhamos o prêmio da imortalidade.

Esses nossos esforços em si permanecerão condenados para sempre, pois, embora sejam instrumentos eficazes para o controle espiritual de multidões, eles ignoram uma verdade cósmica fundamental e paradoxal. Isto é, o túmulo da matéria, a "lodosa vestimenta da podridão", é *em si* uma parte inextricável da essência da nossa alma imortal. Pois não está escrito que *o templo da iniciação também é um túmulo?*

Hermetismo – Antigo e Novo

Sinto-me muito contente e honrado com o pedido do sr. Newcomb para que eu escrevesse o prefácio para este livro notável – notável por oferecer mais do que reflexões e uma nova versão de material antigo – notável porque demonstra com muito prazer que se pode focar intensamente nos ensinamentos passados do mistério sem se isolar das descobertas e revelações do presente – em que se pode unir as ciências modernas da mente com a maravilha e a sabedoria das eras.

É uma tarefa não muito diferente dos trabalhos de um número de indivíduos que, no crepúsculo das eras douradas do Egito e da Grécia, compartilharam sua sabedoria em um corpo de textos místicos supostamente escritos pelo Deus Thoth, ou Hermes, ou Hermes Trismegistos. O principal dentre esses é um que tem o nome do seu autor mítico, *A Tábua de Esmeralda de Hermes*. Reza a tradição que foi a primeira revelação de Deus à humanidade – moldada em esmeralda líquida pela magia da Alquimia, suas letras em alto-relevo revelam em 13 versos curtos as operações universais da natureza. É a obra famosa que nos deu o axioma hermético fundamental:

> "É verdade e não mentira, correto, e algo em que se pode confiar, o que está em cima é como o que está embaixo, e o que está embaixo é como o que está em cima, para a realização daquela obra realmente maravilhosa".[117]

Os versos cinco e seis continuam a fornecer ao aspirante diligente a chave mística pela qual ele ou ela podem se elevar do túmulo da matéria, mesmo quando reconhecem que o túmulo é uma parte integrante de si.

> "O poder é perfeito, após ele se unir com uma terra espirituosa. Separe a terra espirituosa da densa ou bruta por meio do calor suave, com muita atenção".[118]

É a mais profunda das ironias cósmicas. O poder divino, nossa verdadeira essência espiritual, só alcança a perfeição quando atinge o "fundo" do cosmos – a terra densa e bruta. Permanece *im*perfeito até o momento do sepultamento, pelo simples motivo de que, até o escuro nadir ser alcançado, a aventura experiencial da existência permanece incompleta, e o Ego ainda não é dotado de todo o espectro da luz da consciência – do espírito à matéria – do nível mais alto ao mais baixo.

---

117. Manly P. Hall, *Lost Keys of Freemasonry,* Richmond, Virginia: Macoy, 1968, p. 96.
118. *Ibid.*

Por isso, a tradição hermética nos informa que as hostes angelicais mais elevadas invejam os filhos da poeira, porque os seres humanos têm algo que eles nunca terão – um pouquinho de tudo de cima a baixo. Por mais elevados eles sejam, os anjos estão presos na administração do meio divino sem um estoque completo da matéria-prima necessária para serem clones da divindade perfeita. Aleister Crowley descreve esse processo como "*... a doutrina geral de que o clímax da Descida à Matéria é o sinal para a redintegração*[119] *pelo Espírito.*"[120] Uma vez atingido o nível mais baixo, *o poder é perfeito* e se inicia o processo do retorno.

A *Tábua de Esmeralda,* de Hermes, nos diz como começar. Devemos "separar a terra espirituosa da terra densa ou bruta por meio de um calor suave, com muita atenção". Isso não significa que devemos nos cozinhar sobre uma chama baixa (embora na linguagem simbólica da Alquimia isso seja bem o que fazemos). Significa que, por meio de um processo lento, equilibrado e suave, nós devemos (com grande atenção) destilar a essência do nosso ser, a canção da nossa alma, a partir da *lodosa vestimenta da podridão.*

Esse é o processo iniciático do hermetista antigo e novo – um programa equilibrado e suave de estudo, prática, meditação, misturado com os efeitos do próprio destino herdado da pessoa (chame de sorte, boa fortuna ou carma).

A iniciação não é uma recompensa pela conquista ou selo de realização. De fato, o iniciado pode nunca conquistar (pelo menos não nessa encarnação). "Iniciação" significa *começar,* e a primeira pergunta feita ao Candidato no limiar do Templo é simplesmente: "Estás pronto para começar?".

Você está? Se sim, não consigo pensar em lugar melhor para começar do que o livro maravilhoso que você segura em suas mãos agora – um programa de estudo, prática e meditação equilibrado e suave. A isso você deve adicionar o ingrediente mais importante de todos – você mesmo –, a soma total do ponto mais elevado e do mais baixo – seu destino herdado.

---

119. Redintegração é uma palavra arcaica que significa *"restauração a um estado anterior"*.
120. *The Book of Thoth*, pelo Mestre Therion (Aleister Crowley). "Um breve ensaio sobre o Tarô dos Egípcios", London: O.T.O., 1994. *The Equinox III* (5). Reimpressão York Beah, Maine, Samuel Weiser, 1992, p. 89.

A ARTE E A PRÁTICA DA GEOMANCIA

Adivinhação, Magia e Sabedoria Terrena da Renascença

PREFÁCIO PARA A EDIÇÃO DE 2009[121]

"Buscai a terra, e o céu deverá vos ser acrescentado!"

— FRANCIS BENDICK[122]

"Eu amo a terra".

O motorista fingia não me ouvir. Desde o momento em que ele me pegou no aeroporto, em Bristol, me deixou ficar sentado em silêncio e ser seduzido pelo charme e esplendor dos pastos verdejantes e agradáveis do sudoeste da Inglaterra. Meu destino era Radstock, perto de Bath, em Somerset. Como era uma área do Reino Unido que eu nunca tinha visitado antes, não tinha ideia de por quanto tempo eu conseguiria saborear minha experiência religiosa com o chofer.

---

121. Escrito para John Michael Greer, *The Art and Practice of Geomancy: Divination, Magic, and Earth Wisdom of the Renaissance,* Newburyport, Massachusetts: Weiser Books, 2009.
122. Francis Bendick (Aleister Crowley), *The Earth,* The Equinox I (6), London, Outono, 1911. Reimpressão York Beach, Maine: Weiser Books, 1992. Suplemento, p. 110.

Eu nunca tinha visto tantos tons de verde na minha vida. Parecia como se estivesse vivendo dentro das frases bombásticas do grande hino nacional de Blake, *Jerusalém*. Um "semblante divino" de fato apareceu nessas colinas enevoadas. Isso era o paraíso na Terra. Não. Isso era o paraíso *da* terra.

Abri a janela e aspirei o perfume da grama e do solo aquecidos pelo sol de meados de julho.

"Amo a terra", disse de novo, dessa vez bem baixinho.

Fechei meus olhos, como se tirasse uma foto do momento, e me surpreendi ao sentir uma lágrima irromper do cílio inferior do meu olho direito e evaporar devagar no vento, enquanto rolava por minha bochecha. Você pode ter certeza, no meu coração fatigado, esses momentos sensíveis são uma raridade e ocorrem, em geral, apenas nos segundos fugazes depois do primeiro e do segundo goles de um martini, no final da tarde.[123] O êxtase desse momento foi provavelmente induzido pelo estresse e a libertinagem de visitar cinco países em sete dias, e a percepção de que, após essa palestra, eu voltaria para casa e para minha própria cama. Seja qual for a causa, eu estava bêbado de terra e queria que o motorista parasse o carro para que eu pudesse me deitar em um campo e inundar o chão verdejante com minhas lágrimas de amor.

A imagem mental de um ato tão inconveniente e embaraçoso imediatamente apagou tais devaneios, mas, pela primeira vez na minha vida, percebi, bem no fundo do cerne da minha alma, que a terra é um ser vivo, consciente, que respira – uma inteligência – um(a) deus(a) – e que eu era seu filho. Minha carne era seu solo e manto; meu sangue, seus rios, córregos e mares; meus ossos, suas pedras e montanhas; a batida do meu coração, seu núcleo derretido – minha alma unida à alma dela.

Que divindade mais palpável a humanidade poderia buscar? Que Deus mais maravilhoso, mais digno do nosso respeito, da nossa gratidão, das nossas preces? Nós devemos certamente honrar o Sol como a fonte máxima de luz e vida, mas, sem a Terra para refletir a glória solar, sem a Terra e suas diversas criaturas, o Sol Invicto permaneceria eternamente um deus sem culto.

---

123. Lamentavelmente, essa felicidade pura desaparece por volta do terceiro ou quarto goles.

Além disso, não é a própria terra a luz solar manifestada? A terra é o clímax da descida do espírito à matéria – o mais baixo mágico que contém não apenas uma centelha do mais elevado, mas de tudo o que tem no meio. É o laboratório alquímico que transmuta luz em vida. É a coroação da criação, e somos criaturas conscientes da terra. Como tais, você e eu possuímos – personificamos – o segredo do retorno do espírito à divindade. Como está escrito na *Emerald Tablet of Hermes,* "Este *Ente* (depois de Deus) é o pai de todas as coisas no universo. Seu poder é perfeito, depois que ele se uniu a uma terra espirituosa".[124]

É o fato da vida mais antigo e óbvio da humanidade – o Sol é nosso pai, a Terra é nossa mãe – e não importa o quanto nossa cultura possa tentar se tornar de gênero neutro, é a mãe que primeiro ouve nossos clamores. É a mãe que primeiro atende às nossas necessidades. É a mãe que primeiro responde às nossas perguntas.

Como é irônico, então, conforme nos tornamos jovens teimosos, ficarmos cada vez menos propensos a ouvir a voz da nossa mãe. Como adolescentes cegos pelos hormônios, embaraçosamente evitamos seu conselho e ridicularizamos seus alertas proféticos a respeito das consequências terríveis da nossa imprudência e do nosso comportamento tolo. Como jovens adultos pensativos, fechamos nossas mentes completamente à possibilidade de ela compreender de alguma forma como é a *nossa* vida, ou o que é ou não do nosso melhor interesse. É só quando atingimos um nível significativo de maturidade que percebemos que somos abençoados desde o nascimento com nosso próprio oráculo onisciente pessoal, alguém cujo amor incondicional por nós está além de toda compreensão humana.

Por séculos, a arte da geomancia tem sido um meio apropriado e respeitoso pelo qual nós, filhos da terra, afirmamos propositalmente nosso reconhecimento da terra como uma inteligência viva, capaz de responder a nossas questões. As técnicas e os aparatos variaram de um século a outro, de uma cultura a outra, mas seu vocabulário oracular de 16 figuras geomânticas (cada uma composta de um ou dois pontos empilhados de forma organizada em quatro níveis) permaneceram constantes.

124. Manly P. Hall, *Lost Keys of Freemasonry,* Richmond, Virginia: Macoy, 1968, p. 96.

Minha introdução à arte da geomancia aconteceu em 1974, quando comprei um livreto de Israel Regardie, intitulado *A Practical Guide to Geomantic Divination.*[125] Seu tamanho não era intimidador, e a abordagem direta (e aparentemente ajuizada) de Regardie sobre o assunto fez tudo isso soar muito atraente a um jovem projeto de mago de olhos arregalados. Uma atração a mais foi o fato de a geomancia ter sido um (na virada do século XX) dos oráculos favoritos dos membros e adeptos da Aurora Dourada – e, ah! Como eu queria ser um desses caras!

Minhas expectativas foram altas, talvez até demais, para esse oráculo da terra. Eu imaginava pequenos gnomos cabeludos fumando cachimbo, aparecendo no meu templo, no quarto, para responderem mal-humorados e me levarem a tesouros enterrados no quintal. O que descobri foi que parecia ser uma variedade abreviada (e não muito empolgante) da astrologia. O que a astrologia tem a ver com um oráculo da terra? Eu esperava realmente por algo rápido e fácil, que eu poderia fazer sem ter de estudar um monte de outras coisas. A geomancia estava começando a parecer um trabalho.

Apesar disso, rangi os dentes e fui fundo nesse livreto. Ao fazer isso, recebi minhas primeiras lições (ainda que terapêuticas) na natureza e no significado básico dos planetas e dos signos do zodíaco e, é claro, os nomes e significados das 16 figuras geomânticas.

Devo confessar que minhas primeiras tentativas de adivinhar com geomancia foram fracassos abismais (pela minha perspectiva). Não só eu não sabia o suficiente sobre astrologia para conseguir uma resposta clara do mapa que meu jogo de pontos tinha gerado, como também minhas interpretações do que eu achava que *entendia* acabaram sendo um erro patente (como os eventos futuros provaram na realidade objetiva).

Pedi (quase forcei) para Constance tentar. Ela tem o Sol em Touro no seu mapa natal. Ela tem um dedo verde para jardinagem. É a queridinha de todos os animais, insetos e flores. Esperava que sua ligação com a terra estivesse mais em harmonia com a arte. Ela protestou, dizendo que não queria consultar o "oráculo da sujeira". Ainda assim, foi educada e

125. Regardie, Israel. *A Practical Guide to Geomantic Divination,* New York: Samuel Weiser, 1972.

concordou com relutância em fazer uma pergunta e prosseguiu, até gerar suas quatro "mães", com 16 jogadas dos pequenos seixos na bancada da cozinha. Seus esforços geraram o temido *Rubeus* na primeira casa. Ai! Isso é ruim! Quando isso acontece, o livro nos disse que devemos abandonar a operação e não tentar novamente por horas. É o equivalente geomântico da vidente cigana dizendo: "Não vejo naaaadica! Saia! Agora! SAAAIA DA MINHA TENDA!".

Deu para Constance, e para mim também.

Demorou uns 12 anos para eu desenvolver de novo algum interesse sério na arte da geomancia. Outro livro, *The Oracle of Geomancy – Techniques of Earth Divination*, de Stephen Skinner,[126] despertou meu interesse. Foi uma visão geral clara e completa do básico e muito mais longa e mais intricada do que o livreto de Regardie. Mais importante para mim, ele me forneceu muitas tabelas, exemplos e maneiras úteis a que se pode chegar em respostas simples a perguntas simples.

A bordo do trem da geomancia mais uma vez, começo a construir uma "bandeja" especialmente projetada para as adivinhações da geomancia. Na verdade, é uma caixa de madeira quadrada bem rasa, com 45 centímetros de comprimento por cinco centímetros de profundidade. Cobri o fundo com uma camada grossa de argila para modelar. Até adornei depois as partes de cima e de fora das bordas com 16 símbolos geomânticos e os nomes e sigilos dos espíritos, em conjunto com seus símbolos planetários e astrológicos. Com uma vareta pontuda, marquei 16 listras horizontais na argila. Durante as operações geomânticas, uso a mesma vareta para cutucar as marcas aleatórias nas listras para chegar às quatro figuras Mães iniciais. Reservei parte da superfície de argila para acomodar as Mães e as 12 outras figuras que elas geram. As linhas permanentes profundas na superfície da argila possibilitaram a execução da operação de parte de geração de figuras completas na argila, sem recorrer a lápis e papel. Tenho de admitir; parece bem mágica e funciona maravilhosamente bem. A sensação de estar trabalhando diretamente com a terra é poderosa e inconfundível.

126. Stephen Skinner, *The Oracle of Geomancy: Techniques of Earth Divination,* Bridport, Dorset, San Leandro: Prism Press, 1986.

No fim, fiz as pazes com a geomancia e, com a ajuda do livro de Skinner, comecei a consultar com cuidado a argila por ideias sobre questões pessoais que eu determinava serem de uma natureza "terrena". Às vezes, também ficava disponível para amigos e outros que vinham até mim para leituras geomânticas rápidas e "sujas".

Apesar disso, ainda não era um devoto apaixonado da arte. As obras de Regardie e Skinner me ajudaram a compreender como as forças, energias, inteligências e os espíritos dos planetas e dos signos zodiacais poderiam falar por meio do elemento da terra. Estava bastante confortável com a teoria. Mas nenhum dos livros acendeu a chama do verdadeiro *romance* espiritual na minha alma mágica. Ainda não tinha conectado meu amor sincero pela terra às frias manipulações dos pontos em uma tábua de argila.

O catalisador que acabaria fornecendo esse elo mágico para mim é o livro que você lê agora. Quando o editor me pediu para escrever este Prefácio, fiquei contente em aceitar, e imediatamente pedi para eles me enviarem o manuscrito. Acho que o autor, John Michael Greer, é um dos especialistas em esoterismo mais inteligentes e brilhantes vivos atualmente. É também um amigo e um Irmão de Loja que vejo raramente. Não exagero; eu poderia ouvir John Michael Greer falar o dia inteiro. Sua astúcia e discernimento são um sopro de vida nos movimentos e personalidades do passado esotérico desinteressante. É como se ele fosse o curador da Biblioteca de Alexandria viajando no tempo, ou um mago medieval, ou um mago da Renascença, transportado através do tempo, para compartilhar conosco o brilho e a relevância da nossa rica ancestralidade espiritual.

Algo "despertou" em mim quando li suas vinhetas históricas no primeiro capítulo. O simples e sereno charme dessas historinhas foram para mim o último ingrediente alquímico no meu longo experimento com a geomancia; o V.I.T.R.I.O.L., que dissolveu tudo o que antes me impedia de unir meu coração com a minha mente. Devorei o resto do livro magnífico de John com a paixão de um adolescente que acabou de descobrir a poesia. Como escrevi para ele: "É o maior comentário sobre geomancia já escrito". Espero que você o aprecie tanto quanto eu.

"Glorificados sejam a Terra, o Sol e o santo corpo e alma do Homem; e glorificados sejam o Amor e o Pai do Amor, a Unidade secreta das coisas!

Também damos graças ao Altíssimo pela Dádiva de todas essas coisas, e pela dama em quem todas essas coisas são encontradas, pelo corpo e alma sagrados do homem, e pelo Sol, e pela Terra. AMÉM."[127]

127. Francis Bendick (Aleister Crowley). *The Earth.* The Equinox I (6). London, Outono 1911. Reimpressão: York Beach, Maine: Weiser Books, 1992. Suplemento, p. 110.

O LIVRO DO HORROR E DO OCULTISMO, DA WEISER

Magia Escondida, Verdades Ocultas e as Histórias que Iniciaram Tudo Isso

---

PREFÁCIO À EDIÇÃO DE 2014[128]

"A emoção mais antiga e forte da humanidade é o medo, e o mais antigo e forte tipo de medo é o medo do desconhecido. Poucos psicólogos contestarão esses fatos, e sua verdade admitida deve estabelecer por todo o tempo a autenticidade e a dignidade do conto fantástico de horror como uma forma literária."

H.P. LOVECRAFT – HORROR SOBRENATURAL NA LITERATURA

128. Escrito para *The Weiser Book of Horror and the Occult: Hidden Magic, Occult Truths, and the Stories that Started It All*, Newburyport, Massachusetts: Weiser Books, 2014.

"Ó, minha doce criança do verão", disse serenamente a Velha Ama, "o que você conhece do medo? Medo é para o inverno, meu pequeno senhor, quando caem 30 metros de neve e o vento gelado uiva do Norte. Medo é para a noite longa, quando o Sol esconde sua face por muitos anos, e todas as criancinhas nascem, vivem e morrem nas trevas enquanto os terríveis lobos se tornam magros e famintos, e os andarilhos brancos se movem pelos bosques".

George R.R. Martin – A Guerra dos Tronos

A literatura de *horror* é a literatura dos amaldiçoados; a forma artística da criança demoníaca – concebida nas profundezas férteis do inferno do inconsciente; gestada no útero solitário do medo e do desespero; trazida à vida em um nascimento problemático pela parteira de obsessões torturadas; e educada para a maturidade grotesca na prisão de uma imaginação aterrorizada. O horror, para ser genuíno, deve ser mais do que uma história assustadora. Deve ser uma odisseia enclausurada, uma dança claustrofóbica com a loucura. Acima de tudo, deve ser uma experiência espiritual traumática e transformadora da alma – sublime, elegante e terrível.

Parece perturbador, não é mesmo? Espero que sim. O horror *deve* ser perturbador. Mas, à primeira vista, o horror clássico raramente se apresenta como resultado de uma mente perturbada. Pelo contrário, algumas das melhores obras do gênero são introduzidas pelo narrador, que parece tão são e racional quanto você ou eu – uma mente comum que, no momento, está apenas se atracando com questões psicológicas extraordinárias com as quais todos nós podemos mais ou menos nos identificar. Mas, cuidado, caro leitor! Sua empatia gentil com o protagonista da história é um sutil veneno que em alguns parágrafos empolgantes despe sua alma e o atrai para um sono narcótico. Nu e vulnerável (e agora incerto da sua própria sanidade), o horror o atrai irresistivelmente para a mente do personagem principal de um pesadelo.

Para mim (ou qualquer um que teimosamente se recusa a crescer completamente), a literatura não fica melhor do que *isso.*

Completei 9 anos em julho de 1957 e aturava meu segundo verão melancólico de exílio na imensidão selvagem incivilizada[129] de Nebraska. Sei que a palavra "exílio" provavelmente soa melodramática, mas fui uma criança melodramática em 1957. Nebraska era um planeta alienígena para mim, cruel e hostil.

Não *nasci* em Nebraska. Fui sequestrado[130] por meus próprios pais e levado para lá contra minha vontade. Era um garoto do sul da Califórnia, e aproveitei bastante meus primeiros sete anos naquela terra encantada, descolada e ensolarada, onde os filmes eram feitos; onde o rock evoluía e os sonhos e as indústrias da Era Espacial faziam todos nós nos sentirmos cidadãos de um futuro radiante e reluzente. A mudança da família para Nebraska, em 1955, foi aos meus olhos um êxodo doloroso de volta à idade das trevas – uma "trilha de lágrimas" de um paraíso repleto de praias do século XX para um inferno na pradaria do século XIX. Impotente para mudar minhas circunstâncias, fiz cara feia e entrei em um caldo amargo de descontentamento egocêntrico.

Odiava Nebraska. Odiava seus habitantes. Odiava o modo como eles falavam. Odiava o modo como eles riam sobre matar animais. Odiava a forma como eles pregavam sobre seu Deus irascível – um Deus que odeia negros e chineses (embora não houvesse um negro ou um chinês a centenas de quilômetros de distância da nossa cidade provinciana); um Deus que condenaria menininhos às chamas da tormenta eterna apenas pelo pecado de *não acreditar* em um Deus que odeia negros e chineses. Acima de tudo, odiava a forma como os habitantes, jovens e velhos, sentiam de fato um orgulho presunçoso de sua própria falta de sofisticação. Eles usavam sua ingenuidade como um distintivo de honra,

129. Peço desculpas sinceras aos habitantes de Nebraska, antigos e atuais, que poderiam se ofender com as minhas palavras, e peço ao leitor para, por favor, se lembrar de que meus comentários aqui sobre Nebraska e seus habitantes estão apenas dando voz às observações privadas, pessoais, subjetivas e imaturas de um Lon Milo DuQuette de 9 anos, sensível e infeliz. Elas não necessariamente refletem minhas opiniões objetivas atuais sobre o Grande Estado de Nebraska ou de seus cidadãos notáveis e resilientes. Peço desculpas sinceras aos habitantes de Nebraska, antigos e atuais, que possam se ofender com as minhas palavras.

130. É claro que não fui "sequestrado" de verdade. De novo, meu talento para o drama excessivo está levando a melhor sobre mim. (Isso acontece, especialmente quando escrevo sobre assuntos dramáticos demais, tais como histórias de terror.) Minha família se mudou do sul da Califórnia para Nebraska para que meu pai pudesse iniciar um novo negócio. Porém, fiquei traumatizado pela mudança e resisti a cada fase do processo.

e ridicularizavam e intimidavam rudemente qualquer um que *não* se orgulhasse também de se vestir com o mesmo manto grosseiro da ignorância premeditada.

Reconheço que isso deva soar terrivelmente cruel. O ódio é uma paixão forte e doentia, especialmente para um menino de 9 anos. Mas o ódio vem do *medo* (real ou imaginário), e na minha mente jovem havia muito a temer em Nebraska. Mesmo quando jovem, eu sentia uma escuridão palpável, uma loucura da pradaria, um mal inominável crescendo logo embaixo da superfície dos macacões e dos vestidos de algodão; uma besta adormecida apenas esperando ser despertada pelo beijo do álcool, do ciúme, da ganância ou da luxúria; um mal que sempre toma o cuidado de o policial mais próximo estar a muitos quilômetros (e talvez horas) de distância; uma maldade sombria e primitiva que cria uma raiz venenosa na psique solitária daqueles que labutam sozinhos na terra, do amanhecer ao anoitecer, uma estação após a outra, um ano após o outro; um mal que asfixia no coração toda a respiração da compaixão humana ou da empatia pela dor e pelo terror que eles infligem diariamente nos animais indefesos, que criam para o abate, ou nos filhos que eles criam para o trabalho e a guerra; um mal pervertido e perverso que se alimenta da culpa e da autodepreciação; um mal que fica incubado no silêncio ensurdecedor das noites tórridas de verão, ou na escuridão perpétua do inverno, e eclode horrendamente como um ovo de basilisco em atos monstruosos de estupro e incesto, homicídio e suicídio.

As próprias casas são possuídas por segredos inconscientes – na verdade, elas são construídas sobre eles. Ao contrário dos bangalôs ensolarados e isolados do sul da Califórnia, as casas de Nebraska escondem suas próprias masmorras. Tão grandes quanto a própria planta da casa, esses aposentos de concreto (os nativos os chamam de "porões") oferecem um pouco de exposição ao sol fora do gramado congelado do inverno, e uma área de frescor úmido do calor escaldante do verão. Os porões também forneciam aos residentes um buraco escuro no solo, no qual eles poderiam se esconder das letais nuvens rodopiantes chamadas tornados – demônios do vento tangíveis que irrompem com regularidade de nuvens esverdeadas pustulentas e varrem a terra, levando uma morte grotesca e a destruição a qualquer coisa ou pessoa em seu caminho.

Sim. Havia muito para um jovem temer em Nebraska. Eu me sentia solitário, deprimido e rabugento. Em uma manhã de um verão úmido e escaldante, fiquei tão desesperadamente entediado que fiz algo impensável para um menino de 9 anos naquele lugar.

Encontrei algo para ler.

Naquela manhã, fiquei até tarde na minha cama encharcada de suor até perceber que estava sozinho em casa. Levantei e liguei nossa velha televisão Raytheon, na sala de estar, mas só consegui um sinal difuso de um jornal sobre agricultura. Assim como a eletricidade e os banheiros dentro de casa, a televisão era novidade na rural Nebraska, e as poucas emissoras em operação ficavam bem distantes. Desliguei com relutância a televisão estalando e virei minha atenção para a estante da sala. Procurei por algo – qualquer coisa – que pudesse aliviar meu enfado ou estimular meu cérebro ocioso.

A biblioteca da família tinha algumas coisas que poderiam me distrair. Meu pai era um cara bem interessante (um californiano nativo e não tinha *nada* de Nebraska). Ele valorizava a educação, e queria que seus filhos apreciassem os livros. Então, comprou recentemente uma nova coleção da *World Book Encyclopedia* para ostentar perto de algumas antigas coleções correspondentes de volumes de literatura. Imaginei que a Enciclopédia seria parecida demais com lição de casa, então dirigi meu olhar para os 20 volumes da coleção *World's Greatest Literature.*[131]

À primeira vista, *O Último dos Moicanos* parecia ser divertido, mas logo descobri que era adulto e difícil demais. No fim, pus os olhos no *Volume 8* da série *Contos de Mistério e Imaginação,* de Edgar Allan Poe. Eu o abri e vi, para minha satisfação, que era uma coletânea de contos que tinham títulos absolutamente irresistíveis a um miserável menino de 9 anos: *O Enterro Prematuro, A Máscara da Morte Rubra, O Coração Delator*, etc. Enterros prematuros e a morte rubra soavam muito promissores de fato, mas, quando eu estava na Califórnia, tinha visto um filme de animação assustador chamado *O Coração Delator,*[132]

131. Spencer Press, 1936. Ele deve ter lido os livros antes de se casar com minha mãe.

132 . *O Coração Delator* [*The Tell-Tale Heart*]. Columbia Pictures, 1953. Dirigido por Ted Parmelee, narrado por James Mason, roteiro de Bill Scott e Fred Grable.

no antigo Lakewood Theater. Eu me lembro que, na ocasião, minha mãe ficou bem chateada com meu irmão mais velho, Marc, por levar o "pequeno Lonnie" para ver um filme tão adulto e perturbador. Servi-me de um copo de leitelho, me joguei na grande poltrona ao lado da janela aberta e abri o livro.

Quando comecei a ler, no entanto, sabia que estava bem fora do meu alcance. Havia um monte de palavras grandes e frases incompreensíveis e epigramas em outros idiomas, além de referências geográficas. Cada uma das frases parecia se referir a alguma lenda antiga, mito ou poema clássico. Fui forçado a *usar* de fato o dicionário e a enciclopédia apenas para me arrastar pela primeira história, *O Poço e o Pêndulo.* Mas acabei *conseguindo*, e após fechar o livro, percebi que tinha me tornado outra pessoa – alguém de quem eu gostava – alguém que sabia usar o dicionário e a enciclopédia; aprendi sobre os horrores da Inquisição espanhola (como *isso* foi encantadoramente maléfico!); fui exposto pela primeira vez ao uso melodicamente elegante da língua inglesa;[133] o mais importante é que descobri que era capaz de ser tocado pela arte – capaz de ser possuído pela *paixão*. Meu enfado acabou e foi substituído por um culto pré-adolescente do macabro e a genialidade e sagacidade de seus criadores. Essa paixão ainda não arrefeceu. Passei o resto daquele verão com Poe ... e o dicionário, e a *World Book Encyclopedia.*

Ironicamente, as mesmas desvantagens com um *toque* do século XIX, que eu desprezava na vida em Nebraska nos anos 1950, provaram ser os bens inestimáveis da atmosfera que me permitiram conjurar o perfeito ambiente de leitura para saborear o êxtase do horror clássico.

O horror precisa de tempo, e, para apreciá-lo adequadamente, você também não deve ter pressa. Ele tem um passo, um ritmo incessante, lento – como a batida do seu coração – como sua respiração. Afinal, os grandes inovadores da arte foram escritores da Era Dourada, que escreveram para um público do século XIX e do início do século XX.[134] Nebraska, em 1957, tinha definitivamente os dois pés plantados com

133. Eu tive de ler Poe com tanto cuidado que sentia como se estivesse lendo em voz alta. Na minha alma, a voz de Poe tinha o ritmo mais suave de um belo cavalheiro sulista e o desespero atormentado do meu ator favorito, Vincent Prince.
134. Os presentes dessa antologia datam de 1851 a 1922.

firmeza nos séculos XIX e no início do século XX. Aquela manhã de verão, em 1957, poderia facilmente ter sido em 1857, acompanhada pela mesma trilha sonora do silêncio bucólico; a mesma luz penetrava pelas mesmas persianas amarelas desbotadas pelo sol; nenhuma alusão à realidade objetiva moderna, nenhuma distração da civilização barulhenta; nenhuma distração com motores de aviões roncando sobre nossa cabeça, nenhuma rodovia a distância, nenhuma sirene, nada de televisão, nada de rádio, nada de ar-condicionado; apenas o ruído branco de um milhão de cigarras e o silvo do meu próprio sangue percorrendo meu cérebro, o balanço incessante do pêndulo de um relógio antigo, o latido de um cachorro distante, o crocito de um corvo, o sussurro quase imperceptível do véu delicado das cortinas quando elas inflam na minha direção, como a camisola translúcida de uma fantasma apaixonada.

Essa foi a música de fundo da minha lua de mel com o horror – tocando enquanto as palavras doces como o mel de Edgar Alan Poe lugubremente teciam frases da era dos costumes dourados em uma sinfonia de arrebatamento torturado. Se eu tivesse sido obrigado a ler as páginas amareladas à luz de um lampião de óleo de baleia, minha experiência de leitura anacrônica teria tido uma atmosfera ainda mais perfeita.

Eu tive tanta sorte.

Hoje, a maioria de nós acha quase impossível captar novamente o mundo em um tom sépia que melhor conduz o horror da página à alma. Os leitores do século XXI, mimados pelos efeitos especiais espetaculares do cinema, exigem da palavra escrita uma gratificação instantânea, choques explosivos e ataques sangrentos sobre os sentidos. Nós não nos permitimos mais ter tempo para refinar o arrebatamento do terror. Devoramos os lanches nada saudáveis de violência e carnificina quando, com apenas um pouco de paciência, poderíamos vagarosamente saborear um banquete rico para alimentar a alma com o horror elegante. Estamos perdendo muito.

Aquele verão com Poe e meu recém-desperto amor pela palavra escrita acabariam produzindo efeitos sobre a minha vida; o mais óbvio foi minha eventual carreira como escritor. Escrever não é apenas o que faço para viver, é minha arte, minha alegria, minha voz, minha meditação, minha oração, minha confissão, minha declaração de independência, meu ato de culto, minha canção de autoconsciência. Minha profissão, no entanto, demorou muitos anos para evoluir e se desenvolver. Meu caso de amor da juventude com o horror, em 1957, teve consequências mais imediatas e dramáticas. Em suma – *eu acordei.*

A voz narrativa de Poe claramente me revelou que eu possuía minha própria voz narrativa. Naquela manhã quente de verão, minha consciência se expandiu instantaneamente. Eu não mais apenas *via, ouvia, cheirava* ou *sentia* passivamente as coisas ao meu redor. Acordei e fiquei *ciente* de que via, ouvia, cheirava e sentia as coisas ao meu redor. Tornei-me, ao mesmo tempo, o observador e o observado do meu próprio filme, e, assim como a narração em segundo plano em um filme *noir* de detetive, comecei a contar para mim mesmo a história de ninar da minha própria existência; e a narração continua até este momento.

Obrigado, Edgar Allan Poe. Obrigado, literatura de horror.

O gênero do horror clássico também mudou o mundo. Pode-se dizer que esse gênero é a mãe da ficção científica – e que a ficção científica moldou o futuro e tocou as consciências de incontáveis milhões de fãs, que agora se deram permissão para sonharem como deuses. Dessa forma, o horror é a avó da matemática teórica, da física quântica e da mutação da inteligência nesse canto da galáxia. Mas tudo tinha de começar em algum lugar, e os editores desta antologia trabalharam com amor para prestar homenagem aos pais fundadores da forma de arte. Alguns deles, como Edgar Allan Poe, H.P. Lovecraft, Bram Stoker ou *sir* Arthur Conan Doyle, precisam de pouca ou nenhuma introdução. Mas outros talvez lhes sejam menos familiares. Nós fornecemos os resumos biográficos mais breves para todos os nossos autores no início de cada seleção, mas eu gostaria de aproveitar esta oportunidade para escrever algumas palavras a mais sobre três das estrelas da nossa produção que, na minha opinião, também merecem ser reconhecidos como *pais fundadores* do horror:

Sir Edward Bulwer-Lytton, que, creio eu, deveria receber o crédito por estabelecer, no início do século XIX, a forma arquetípica e os mecanismos do gênero do horror;

Robert W. Chambers, que, no final do século XIX, quebrou a membrana espaço-tempo do horror gótico e escancarou as portas do nosso inconsciente – as mesmas portas das quais os primordiais “Old Ones”

["Antigos"], de H.P. Lovecraft, escapavam, forçando-nos a nos esconder diante de nossas almas sombrias; e Aleister Crowley, um mago negro da vida real sem remorso, que, no início do século XX, arregaçou as mangas e batalhou com aquelas sombras para transformar demônios das trevas em anjos da luz.

Sir Edward Bulwer-Lytton (1803-1873)

Você já ouviu as frases?

"Era uma noite escura e tempestuosa..." ou

"A pena é mais poderosa do que a espada..." ou

"Busca do dólar todo-poderoso".

Esses clichês familiares saíram pela primeira vez da pena de *sir* Edward Bulwer-Lytton, o prolífico dramaturgo, poeta e romancista inglês. Como poderia se esperar de um cavalheiro da sua estirpe, o nobre Lord Lytton buscou essas distrações literárias como um amador enquanto se ocupava com os sérios deveres de servir à sua Rainha (Vitória) como *Secretário de Estado para as Colônias* e uma vasta coleção de outras responsabilidades diplomáticas de colarinho engomado e políticas. Publicou seu primeiro livro de poemas em 1820 e, em 1828, quando seu ensaio meio provocador sobre o assunto extravagante do *dandismo* do século XIX foi lançado, ficou claro ao público leitor que ali estava um camarada que poderia ser tanto ironicamente divertido quanto um erudito.

Embora seus contos sobre ocultismo e histórias de horror tenham se tornado os favoritos dos amantes do mistério e do macabro, as obras mais familiares e amadas pelo público permanecem seu épico pós-bíblico, *Os Últimos Dias de Pompeia (*1834), que, ao longo dos anos, cativou a imaginação de cineastas; e sua ficção histórica dramática, *Rienzi* (1835), que Richard Wagner transformou em uma ópera duradoura. Apesar de sua popularidade com o público geral, Lord Lytton merece um reconhecimento sério como um dos principais patronos do horror. Essa admiração permanente atesta sua habilidade com as palavras, mas ainda mais impressionantes são suas credenciais impecáveis entre ocultistas sérios.

Embora não exista uma evidência empírica, dizem que Lytton foi um iniciado de uma ou mais sociedades secretas mágicas continentais misteriosas que alegavam serem indiretamente de origem rosacruciana antiga. Ele era quase certamente amigo e confidente do grande mago francês, Alphonse Louis Constant (Eliphas Levi, 1810-1875), pai da magia cerimonial moderna.

Como jovem membro da Ordem Rosa-cruz, AMORC, fui instruído por meus adeptos mais velhos (claramente) que eu deveria ler e estudar as *obras* de *Lord Lytton*, especialmente seu romance ocultista, *Zanoni.*[135] Escrito em 1842 (toda uma geração antes da fundação da *Sociedade Teosófica,* de Madame Blavatsky, ou da *Ordem Hermética da Aurora Dourada*), as palavras iniciais de Zanoni podem ser interpretadas como uma confissão rosacruciana do próprio Lord Lytton:

> "Acontece que há muitos anos, nos meus anos de juventude, seja de autoria da vida, senti o desejo de me familiarizar com as verdadeiras origens e doutrinas da seita singular conhecida pelo nome de Rosa-cruzes".[136]

Embora a trama de Zanoni seja uma história de amor com um apelo sombrio, isso inaugura todos os artifícios cavalheirescos da clássica história de horror romântico que nós (alguns anos depois) reconheceremos nas obras de Edgar Allan Poe, Robert W. Chambers, e outros. Mas o texto de Zanoni também revela (ao olho treinado) a linguagem de um companheiro ocultista. Na verdade, fica claro que Zanoni só poderia ter sido escrito por ninguém menos que um *legítimo* iniciado nos mistérios. A história até faz referências indiretas ao *livro* mágico – um livro que é, sem dúvida, o tomo *verdadeiro* conhecido pelos especialistas atuais como *O Livro de Abramelin.*[137] Esse grimório, referência do ocultismo (c. 1378), permaneceria sem tradução e desconhecido do mundo falante de inglês (ou até mesmo de qualquer um que não fosse o aluno mais

135. Veja *Zanoni,* Livros 1, 2 e 3, San Francisco, Newburyport, Massachusetts: Weiser Books, 2012.
136. Veja *Zanoni,* Livros 1, 2 e 3, San Francisco, Newburyport, Massachusetts: Weiser Books, 2012.
137. *The Book of Abramelin,* Abraham von Worms. Georg Dehn, Ed., Steven Guth, trad., prefácio de Lon Milo DuQuette. Lake Worth, Florida Nicholas Hays, Inc. 2006.

instruído e sério do ocultismo) até 1888, quando o Adepto da Aurora Dourada, S.L. MacGreggor Mathers, traduziu fragmentos do texto que ele encontrou na Bibliothèque de l'Arsenal, em Paris.

O Livro de Abramelin é considerado por muitos como a pedra de Roseta da Magia Ocidental, elevando as superstições mal compreendidas dos feiticeiros medievais a uma ciência espiritual tão sagrada e viável quanto as tradições autotransformadoras do misticismo oriental. Como pareceria, Sua Senhoria, *sir* Edward Bulwer-Lytton – dândi, diplomata e romancista – estava convivendo com regularidade com os mesmos místicos e magos, que não só sabiam da existência do livro, como também estavam intimamente familiarizados com seus conteúdos e importância.

Está claro para mim que, em se tratando dos mistérios secretos e das práticas do ocultismo, não era um caso de Lord Lytton extrair seu conhecimento em ocultismo de impostores rosacrucianos ingleses do século XIX, mas de um dos "rosacrucianos" do século XIX, tirando seu conhecimento em ocultismo *dele*!

Enquanto enaltecemos Lytton por ser um pai fundador do *horror,* ele também merece nosso crédito por ajudar a apresentar ao mundo o gênero da *ficção científica.* Seu romance de 1871, *The Coming Race*, provaria ser uma análise empolgante e perturbadora do futuro. Infelizmente, no início do século XX, as ideias imaginativas apresentadas em *The Coming Race* seriam apropriadas e distorcidas em uma visão monstruosa pelos loucos do Terceiro Reich alemão, e empregadas como alguma conjuração malévola para invocar um grande demônio na Terra na forma dos terrores genocidas da Segunda Guerra Mundial. Nenhuma história de ficção de horror pode se comparar a tamanho mal inimaginável – tamanha dor incalculável e morte sofridas por milhões e milhões de nossos semelhantes.

É claro que não estou sugerindo que devamos culpar Lord Edward Bulwer-Lytton pelo horror genocida do holocausto. No entanto, também faríamos bem ao nos lembrarmos das próprias palavras de Lytton: "A pena é mais poderosa do que a espada", e estarmos atentos ao poder incrível que a palavra escrita tem para efetuar mudanças na consciência humana para o bem e para o mal.

Robert W. Chambers (1827-1911)

Se H.P. Lovecraft é o *Cristo do Horror,* então, com certeza, Robert W. Chambers era seu *João Batista.*

Recentemente, foi meu privilégio introduzir e ser curador de uma coleção de contos publicados pela primeira vez em 1895 sob o título coletivo: *The King in Yellow*, de Robert W. Chambers.[138] Para evitar me parafrasear, anexo abaixo uma parte da minha introdução. Embora me refira especificamente a *The King in Yellow*, minhas observações sobre o estilo, a técnica e a imaginação de Chambers também servem para nossa seleção de Chambers, *The Messenger.*

Talvez você tenha ouvido falar de *The King in Yellow?* Não? Nem eu, até alguns anos atrás, quando um cineasta entrou em contato comigo e me informou que estava adaptando o livro para um filme, e me perguntou se eu estaria interessado em aparecer como uma participação especial em sua produção. Antes de eu responder (o projeto foi abandonado depois), fiz um pouco de pesquisa e descobri um tesouro extraordinário – uma obra aterrorizante de *horror* americano que precede em 25 anos o primeiro conto de H.P. Lovecraft. De fato, *The King in Yellow,* de Robert W. Chambers, é possivelmente a inspiração arquetípica para o que se tornaria todo um gênero de ficção de horror pelo qual o imortal Lovecraft recebeu os créditos.

Robert W. Chambers (1865-1933) não é exatamente um nome familiar, mas esse nem sempre foi o caso. No fim de sua carreira, seus romances românticos e ficções históricas eram muito populares, seus livros eram os mais vendidos e os episódios publicados em fascículos nas revistas eram ansiosamente aguardados. Por um tempo, ele foi considerado a figura literária americana de maior sucesso na época. Mas, suas últimas e mais leves ofertas, embora lhe trouxessem fama e uma fortuna modesta, são *bombons* passíveis de esquecimento quando comparados à carne forte e ao brilho inovador de sua ficção de horror. A mais notável de toda sua obra é *The King in Yellow,* uma coletânea de

138. Veja trechos de *The King in Yellow*, de Robert W. Chambers, in *Yellow Sign, The Mask, The Demoiselle D'ys* e *In the Court of the Dragon,* com introdução de Lon Milo DuQuette, Newburyport, Massachusetts: Weiser Books, 2012.

contos cujas tramas estão vagamente conectadas com um livro e peça imaginários infames de mesmo título, universalmente banidos por causa de sua tendência ameaçadora de enlouquecer aqueles que os leem ou entram em contato com eles. De fato, o terror começa imediatamente com o leitor em dúvida se a loucura e o suicídio são ou não o preço que ele pagará por virar a página.

Fiquei um pouco desorientado quando comecei a ler o primeiro conto de *The King in Yellow* – um efeito estonteante que, com certeza, Chambers pretendia induzir nas mentes dos seus leitores dos alegres anos da década de 1890. O conto, chamado "The Repairer of Reputations" se passa em um "futuro" de ficção científica de uma Nova York de 1920, uma metrópole com nomes de ruas, parques e pontos de referência familiares para nós ainda hoje, que Chambers pinta meticulosamente a partir de sua rica paleta de imagens (afinal, ele era um artista e ilustrador habilidoso e classicamente treinado). Porém, há algo perturbadoramente modificado em todo o ambiente da história. Tudo acontece em uma utópica e próspera América pós-guerra civil – uma mistura de república aristocrática e ditadura militar, que poderia facilmente ter evoluído dos movimentos opostos dos estranhos aliados da era dourada: o capitalismo *laissez-faire* nacionalista e os ideais liberais, mas pragmáticos, do progressismo social. Desde as primeiras linhas, somos instantaneamente jogados em uma realidade alternativa, na qual o passado confortável e familiar foi levemente alterado, e somos forçados a confrontar os infinitos "e se(s)" da história, e, fazendo isso, questionamos a realidade objetiva do presente.

Aninhados nesse ambiente surreal, somos apresentados a um narrador educado que, no princípio, parece um fiel servo da verdade, mas que logo nos dará motivo para duvidar tanto da sua sanidade quanto da nossa. Mas não vou estragar a surpresa para você.

Assim como Lovecraft faria décadas mais tarde, Chambers deixa para a própria imaginação do leitor o trabalho do terror. A Canção de Cassilda, que serve de epígrafe para todo o livro, é supostamente retirada do Ato I, Cena 2, da peça *O Rei de Amarelo,* e, sem sobrecarregar a imaginação do leitor com certezas concretas, conjura imagens de estranhos locais e vistas não dessa terra, de fato, não desse universo, e apenas sugestões dos personagens de poder e horror inefáveis.

Ao longo da praia nuvens em ondas quebrando,
Os sóis gêmeos no lago mergulhando
As sombras se estendendo
Em Carcosa.

Estranha é a noite onde estrelas negras raiam,
E estranhas luas os céus percorrem
Mas mais estranha é
A esquecida Carcosa.

Canções que as Híades devem cantar,
Onde os farrapos do Rei estão a ondular,
Devem morrer inauditas na
Sombria Carcosa.

Canção da minha alma, minha voz está morta,
Morre, desconhecida, enquanto lágrimas não derramadas
Secarão e morrerão na
Perdida Carcosa.

Assim como todas as grandes obras de horror, a história fica perturbadora, sombria e horripilante em uma proporção direta ao nível no qual nossos próprios corações e mentes ficam perturbados, sombrios e assustados.

Aleister Crowley (1875-1947)

Ao contrário de Lord Lytton e Robert Chambers, Aleister Crowley *não* é lembrado fundamentalmente por suas obras de ficção. Reconhecidamente, ele era um poeta prolífico, e nessa capacidade, mesmo com 20 e poucos anos, recebeu uma dose de elogio crítico e encorajamento. Seus dois romances, *Moonchild* (1917) e *Diary of a Drug Fiend* (1922), também receberam um reconhecimento crítico módico, e, ao longo dos anos, inspiraram indiretamente um punhado de esforços cinematográficos. Seus contos,[139] peças e ensaios (publicados de forma mais privada e que agora são tesouros cobiçados por colecionadores) foram obviamente escritos para uma audiência de elite de esotéricos altamente educados e colaboradores próximos capazes de apreciar suas elaboradas piadas internas, alusões pornográficas e referências obscuras. Por mais que eu lamente sua rejeição pelo público, parece que ele fez tudo o que foi possível para provocar sua própria difamação.

Para o leitor que não está nada familiarizado com a pessoa de Aleister Crowley, recomendo suas próprias *Confessions*[140] e a biografia recente, *Perdurabo – The Life of Aleister Crowley.*[141] Tem sido um prazer e um desafio escrever um punhado de livros a respeito da vida e da obra desse homem notável. O seguinte breve excerto é do meu livro, *Understanding Aleister Crowley's Thoth Tarot.*[142]

Paradoxos parecem definir a vida e a carreira do Edward Alexander (Aleister) Crowley.[143] Sim, de muitas formas, ele era um patife. Não há dúvidas de que ele chafurdou desavergonhadamente em sua persona cuidadosamente cultivada como o rebelde espiritual e literário da Inglaterra. Ao mesmo tempo, ele levava a vida e si mesmo muito a sério. Dentre outras distinções, era um excelente alpinista,[144] enxadrista, pintor, poeta, esportista, romancista, crítico e produtor teatral. Apresentou

139. Incluindo *The Testament of Magdalen Blair*, que aparece nesta antologia.

140. *The Confessions of Aleister Crowley*, London, 1929. Edição resumida em um volume, ed. John Symonds & Kenneth Grant. London, 1969; reimpressão, London & New York: Arkana, 1989.

141. *Perdurabo: The Life of Aleister Crowley*, de Richard Kaczynski, PhD, Berkeley: North Atlantic Books, 2010.

142. *Understanding Aleister Crowley's Thoth Tarot*, de Lon Milo DuQuette. York Beach, Maine: Red Wheel/Weiser, 2003, p. 7-8.

143. 1875-1947.

144. Em 1920, Crowley ainda detinha o recorde mundial por vários feitos de montanhismo, incluindo a subida íngreme mais rápida (1.219 metros em 83 minutos) nos mais de 4.876 metros do Iztaccihuatl, no México, em 1900; a primeira subida individual do Nevado de Toluca, em 1901, e sua investida de 1902 no K2, onde ele passou 65 dias na geleira Baltoro.

a América à Astrologia,[145] Isadora Duncan ao *I Ching,* Aldous Huxley à mescalina e o poeta Victor Neuberg à caminhada e à alta magia. Como *agente provocador,* escrevendo para um jornal de propaganda alemã em língua inglesa em Nova York, escreveu os editoriais ultrajantes e inflamatórios que provocaram um relutante Congresso dos Estados Unidos a entrar na Primeira Guerra Mundial no lado da Inglaterra.[146]

Durante a Segunda Guerra Mundial, a pedido do amigo e oficial da Inteligência Naval, Ian Fleming,[147] Crowley deu a Wiston Churchill ideias valiosas sobre a mentalidade mágica e as superstições dos líderes do Terceiro Reich. Sugeriu também ao Primeiro-Ministro, se pudermos acreditar nos relatos, que ele explorasse a paranoia mágica do inimigo sendo fotografado o máximo possível mostrando o gesto de "V de vitória" com os dois dedos. Esse sinal é a versão manual do sinal mágico de Apófis-Tífon, um símbolo poderoso de destruição e aniquilação, que, de acordo com a tradição mágica, é capaz de derrotar as energias solares representadas pela suástica.

145. Servindo de *ghostwriter* para Evangeline Adams, Crowley escreveu a maior parte do material publicado primeiro sob seu nome, incluindo seus textos clássicos, *Astrology: Your Place in the Sun* (1927) e *Astrology: Your Place Among the Stars* (1930). Essas obras fizeram da "Astrologia" uma palavra conhecida na América e na Europa e alçou Adams ao *status* de celebridade como "Astróloga de Wall Street e Washington". Recentemente, o espólio de Adams teve a benevolência de reconhecer a coautoria de Crowley e resultou no lançamento do livro *The General Principles of Astrology* de Aleister Crowley e Evangeline Adams, York Beach, Maine: Red Wheel/Weiser, 2001.

146. Costuma-se esquecer que os Estados Unidos ficaram muito próximos de entrar na Primeira Guerra Mundial no lado da *Alemanha.* Muito para o horror do Ministro de Relações Exteriores Alemão, os editoriais de Crowley fizeram parecer que a intenção da Alemanha (na verdade, sua política estrangeira) era iniciar uma guerra submarina irrestrita contra o transporte civil. Embora isso fosse na ocasião uma mentira ultrajante, os editoriais de Crowley foram usados para criar uma histeria antialemã que acabaria por levar os Estados Unidos para o conflito ao lado da Inglaterra. De uma forma bem real, Aleister Crowley salvou sua amada Inglaterra usando apenas sua caneta como uma varinha de condão.

147. Ian (Lancaster) Fleming (1908-1964) – pseudônimo Atticus – jornalista britânico, agente do serviço secreto, escritor, cuja criação mais famosa foi o super-herói James Bond, o Agente 007. Crowley e Fleming eram amigos mesmo. Cópias da correspondência entre eles ainda existem, algumas das quais discutem assuntos de propaganda do ocultismo e o interrogatório de Rudolf Hess.

Surpreendentemente, as aventuras e conquistas de Crowley, mais do que qualquer dúzia de homens de ambição e genialidade poderia realisticamente esperar juntar em uma vida, parecem quase distrações quando pesadas contra suas monumentais explorações da autodescoberta. Seus escritos visionários e esforços para sintetizar e integrar os sistemas espirituais esotéricos do Oriente e do Ocidente[148] fazem dele uma das figuras culturais e religiosas mais fascinantes do século XX.

Crowley, apesar de não ter inventado o gênero que definiria o formato e a atmosfera do horror clássico, como fez Edward Bulwer-Lytton, não ter sido o responsável por transformar o horror na canção de amor doce e mórbida de uma alma atormentada, como fez Edgar Allan Poe, não ter rompido barreiras dimensionais de espaço-tempo para perscrutar as novas profundezas do inferno psicológico, como Robert Chambers e H. P. Lovecraft, fez algo que nenhum deles fez. Viveu de verdade os eventos aterrorizantes e eufóricos da aventura de horror-romântico da vida real em sua própria vida incrível.

Crowley não é importante para nós pelas histórias de horror que *escreveu* – mas pela história de horror magnífica que ele *era.*

Ele não apenas escrevia sobre demônios, diabos, anjos e vampiros, ele os invocava, evocava, conjurava, combatia e os conquistava. Não apenas escrevia sobre as maravilhas e os terrores de outras dimensões, ele as penetrava por vontade própria, navegava por elas, as transcendia – *em seguida,* ele escrevia sobre elas em detalhes exatos.

Quase 70 anos depois de sua morte, o homem a quem os tabloides chamavam de "o homem mais perigoso na Terra", o homem a quem eles chamavam de "o homem mais maligno no mundo", aquele que com toda seriedade chamava a *si mesmo* de "Besta 666", agora recebe a atenção e o reconhecimento acadêmico e filosófico que lhe escapou em vida.

A influência de Crowley, hoje, na forma de arte literária do horror é incalculável. Não existe um escritor moderno de horror, ficção científica ou fantasia que não tenha sido, de uma alguma forma fundamental, direta ou indiretamente influenciado por ele.

148. Ele chamava seu sistema de "Iluminismo Científico" – Seu lema: "O Método da Ciência – a Meta da Religião".

Crowley está morto. Mas seu horror nos alcança de além do túmulo. Robert Chambers escreveu sobre uma peça e um livro amaldiçoados chamados *The King in Yellow*. Supostamente, todos os que o leram ficaram terrivelmente loucos. Penso nisso e sorrio quando encontro hoje pessoas que, ainda temerosamente, têm um respeito supersticioso pela pessoa de Aleister Crowley.

"É perigoso estudar Aleister Crowley?", ainda me questionam.

> "Aleister Crowley não era nada perfeito. Não era bom com as pessoas, e muitas vezes afastava aqueles que mais o amavam. Suas explorações ousadas da sexualidade humana e das drogas (sempre registradas e analisadas meticulosamente) são fascinantes de se estudar, mas nunca se deve planejar imitá-las casualmente. Nunca encontrei alguém que o conhecesse que não desaprovasse algum aspecto do seu caráter ou do seu comportamento.
>
> Mas ele está morto. Para nós, apenas suas obras permaneceram como uma medida do homem, e elas estão atualmente mais acessíveis ao público em geral do que em qualquer momento durante sua vida. Sua influência sobre o mundo moderno da arte, da literatura, da religião e da filosofia é agora amplamente reconhecida até por seus críticos mais veementes...
>
> Mas, estudar Aleister Crowley é perigoso para algumas pessoas? Acho que eu teria de responder "Sim". Para aqueles cuja crença em um Deus de bondade depende da realidade de um Diabo maligno na mesma medida – para os supersticiosos, os ignorantes, os preguiçosos, os imaturos, os desequilibrados, os mentalmente doentes, os paranoicos, os covardes; para qualquer um que, por algum motivo, não pode ou não vai assumir a responsabilidade por suas próprias ações, suas próprias vidas, suas próprias almas; para essas pessoas Aleister Crowley ainda é um homem bem perigoso".[149]

---

149. De *The Magick of Aleister Crowley.* Lon Milo DuQuette, Newburyport, Massachusetts: Weiser Books, 2003, p. 8.

E agora, caros leitores, vou deixá-los aproveitar os trabalhos desses três grandes mestres do horror e o coro de outros eruditos do gênero. Espero, com toda a sinceridade, que vocês se divirtam com eles e apreciem este livro lindamente produzido. Talvez, quando vocês tiverem terminado de lê-lo, vão querer colocá-lo na biblioteca das suas famílias – perto do dicionário e da enciclopédia. Quem sabe, talvez algum dia um jovem entediado o descubra em uma manhã quente de verão.

Por ora... Eu lhes desejo boa-noite.